All Inclusive
FRANZÖSISCH

Der Sprachkurs für den Einstieg mit Buch,
Audio-Training, Vokabeltrainer-App
und Reise-Sprachführer

von
Fabienne Schreitmüller

PONS
All Inclusive
FRANZÖSISCH

Der Sprachkurs für den Einstieg mit Buch, Audio-Training, Vokabeltrainer-App und Reise-Sprachführer

von Fabienne Schreitmüller

MITREDEN!-Seiten: Isabelle Langenbach

Die Inhalte dieses Buches sind identisch mit
ISBN 978-3-12-562334-7

PONS verpflichtet sich, die App zum Buch mindestens bis Ende 2025 bereitzustellen. Ein Anspruch auf Nutzung darüber hinaus besteht nicht.

Sie finden die Audio-Dateien zu Ihrem Buch als Download, indem Sie den QR-Code hier einscannen oder indem Sie auf folgenden Link gehen:
www.pons.de/all-inclusive-FR

1. Auflage 2024

www.pons.de

Logoentwurf: Erwin Poell, Heidelberg
Logoüberarbeitung: Sabine Redlin, Ludwigsburg
Titelfoto: Getty Images, München: legna69; mpessaris; Fabrice Cabaud; andresr
Innenlayout: Meike Elsasser, Hildrizhausen
Satz: Design Depot Ltd., www.design-depot.eu
Druck und Bindung: dnf-Verlag GmbH, Nürtingen

ISBN: 978-3-12-562329-3

Sie möchten in kleinen Portionen erste Kenntnisse in Französisch erlangen? Sie möchten in alltäglichen Situationen und im Urlaub zurechtkommen? Mit **All Inclusive Französisch** haben Sie zwei Möglichkeiten, um schnell und einfach zu lernen - je nachdem, wie viel Zeit Sie aufwenden möchten.

Wie ist der Kurs aufgebaut?

Der Kurs besteht aus 25 Lektionen und **11 MITREDEN!-Seiten.**

- Jede Lektion besteht aus vier Seiten. Hier werden alle wichtigen Themen rund um Urlaub und Alltag behandelt.
- In den Übungen können Sie das Gelernte sofort trainieren.
- Die Lösungen dazu finden Sie immer auf der rechten Seite.

Folgende **Symbole** werden Ihnen im Buch begegnen:

verweist auf die zugehörige Audiodatei auf CD1.

verweist auf ein Grammatikthema, das in der allgemeinen Grammatik im Anhang ausführlicher erklärt wird.

verweist auf interkulturelle Tipps, die Ihnen Informationen zu Land und Leuten geben.

Im **Anhang** des Buches finden Sie

- **die Grammatik:** Alle im Kurs behandelten Grammatikthemen werden hier anschaulich erklärt.
- **den Wortschatz:** Hier erhalten Sie den wichtigsten Wortschatz aus den Lektionen. Die Audiodateien dazu sind auf CD2.
  Die Audiodateien von CD1 und CD2 finden Sie auch zum Download unter: **www.pons.de/all-inclusive-FR**

Willkommen!

Haben Sie wenig Zeit? Kein Problem!

Dann können Sie direkt mit den MITREDEN!-Seiten beginnen. Die elf farbig hinterlegten Seiten, die im Buch verteilt sind, fassen die wichtigsten Wörter und Sätze zusammen. Sie können die für Sie wichtigen Themen in beliebiger Reihenfolge lernen.

Was bekommen Sie in diesem Paket?

Zusätzlich zum Buch erhalten Sie:

- **2 MP3-CDs:** CD1 mit den Tondateien aus den Lektionen, CD2 mit einem Audiotrainer für unterwegs. Zusätzlich können Sie die Hördateien kostenlos unter www.pons.de/all-inclusive-FR finden.
- die **PONS Vokabeltrainer-App,** mit der Sie den Wortschatz aus den Lektionen online und offline trainieren können. Folgen Sie einfach den Anweisungen, die Sie unter www.pons.de/all-inclusive-FR finden, um die App zu installieren.
- einen **Mini-Sprachführer** mit dem wichtigsten Reisewortschatz für unterwegs.

Viel Spaß und Erfolg!
Ihre PONS-Redaktion

Inhalt

Aussprachetabelle

Vokale  1

Lautschrift	Beispiel (Französisch)	Beispiel (Deutsch)
[a]	car**a**fe	M**a**nn
[e]	march**é**, pass**er**	Schn**ee**
[ɛ]	m**è**re, fr**ai**se	**ä**ndern
[ə]	mercr**e**di	bitt**e**
[i]	mard**i**	v**ie**l
[o]	d**o**s, j**au**ne, b**eau**	B**o**den
[ɔ]	**o**bjet	**o**ffen
[ø]	**eu**ro	H**ö**hle
[œ]	h**eu**re	H**ö**lle
[u]	p**ou**r	g**u**t
[y]	men**u**	s**ü**ß

Konsonanten  2

Lautschrift	Beispiel (Französisch)	Beispiel (Deutsch)
[b]	**b**eau	**B**uch
[d]	**d**u	**D**ose
[f]	**f**eu	**F**arbe
[g]	**g**rand	**G**arten
[ʒ]	**j**eudi	**J**ournalist
[k]	**c**arte	**K**anne
[l]	**l**a	**L**iebe
[m]	**m**er	**M**und
[n]	me**n**u	**N**ase
[ŋ]	camp**ing**	l**ang**

[ɲ]	Allema**gne**	Co**gn**ac
[p]	**p**ère	**P**olitik
[ʁ]	**r**ue	**R**iese
[s]	**s**oleil	wei**ß**
[z]	chemi**s**e	**S**onne
[ʃ]	**ch**at	Fi**sch**
[t]	**t**ête	**T**ag
[v]	**v**oiture	**V**itamin

Halbvokale 3

Lautschrift	Beispiel (Französisch)	Beispiel (Deutsch)
[j]	fami**lle**	Mi**lli**on
[w]	**ou**i	–
[ɥ]	c**ui**sine	–

Nasale 4

Lautschrift	Beispiel (Französisch)	Beispiel (Deutsch)
[ɑ̃]	d**an**s, t**em**ps, t**en**te	–
[ɛ̃]	f**in**, dem**ain**, mat**in**	–
[ɔ̃]	b**on**	–

Die acht wichtigsten Ausspracheregeln

1. Liaison

Treffen zwei Wörter mit Vokal am Ende und am Wortanfang aufeinander, werden sie zusammengezogen: **tu as** [tya].
Stumme Konsonanten werden mit dem folgenden Vokal verbunden: **ils‿arrivent** [ilzaʀiv].
Achtung! Es können nicht verbunden werden: **et** (**et un‿ami** [e ɛ̃nami]) und Wörter, die mit einem gehauchten **h** beginnen (**en haut** [ã´o]).

2. Unbetontes -e

Das unbetonte e wird entweder nicht gesprochen oder ähnlich einem deutschen ö gesprochen. Zwischen zwei Konsonanten wird es oft nicht gesprochen: **samedi** [samdi]. Am Wortende wird es in der Regel auch nicht ausgesprochen: **ville** [vil]. Eine Ausnahme bilden einsilbige Wörter (je, te, que ...). Hier wird es ähnlich wie das deutsche ö ausgesprochen. Folgt danach ein Wort mit Vokal, so fällt das e weg und wird durch einen Apostroph ersetzt: j'ai, c'est.

3. Die Kennzeichnung der weiblichen Form durch -e

Endet die maskuline Form eines Adjektivs auf einem Konsonanten, wird dieser durch das Anhängen des stummen [ə] im Femininum ausgesprochen: **grand** [gʀã] → **grande** [gʀãd].

4. Endungen

Konsonanten am Wortende werden in der Regel nicht gesprochen. Dies gilt auch für konjugierte Verben: **(je) parle, (tu) parles, (il) parle** und **(ils) parlent** werden gleich [paʀl] ausgesprochen.

5. Mehrzahl-Endungen

Im gesprochenen Französisch sind Einzahl und Mehrzahl in der Regel nur durch den Artikel zu unterscheiden, im Schriftbild durch das nicht hörbare **-s**: **le livre**, **les livres** [livʀ].

6. Nasale in Laut- und Schriftbild

Im Französischen wird ein Vokal nasal gesprochen, wenn ein **-m** oder **-n** in der selben Silbe folgt: **nom** [nɔ̃] mit nasalem o aber in **ami** [ami] ist das a nicht nasal. Wird dieser Konsonant verdoppelt oder folgt ein Vokal, so wird der Vokal nicht nasal gesprochen: **le voisin** [vwazɛ̃] aber **la voisine** [vwazin]. Achtung! Durch die Liaison kann es auch zu einer Entnasalisierung kommen: **bon‿ami** [bɔnami].

7. Betonung

Im Französischen wird die letzte Silbe eines Wortes betont und alle Silben haben grundsätzlich die gleiche Länge. In einem Satz werden Sinnabschnitte durch einen „Satztakt" gekennzeichnet, indem die letzte Silbe im Sinnabschnitt betont wird. Diese betonte Silbe wird nicht mit einer Liaison mit dem folgenden Vokal verbunden: **Maintenant, nous‿arrivons à Paris.** [mɛ̃t(ə)nɑ̃'nuzaʀivɔ̃'apaʀi].

8. Sprachmelodie

Bei einem Aussagesatz wird die Stimme am Ende gesenkt,
bei einem Fragesatz gehoben. Ein Aussagesatz kann so durch die Intonation zu einem Fragesatz werden:

Il est français. Er ist Franzose.

↘

Il est français ? Ist er Franzose?

↗

Begrüßen, Verabschieden und Smalltalk  5

Bonjour !	Guten Tag!	**Au revoir !**	Auf Wiedersehen
Bonsoir !	Guten Abend!	**À bientôt !**	Bis bald!
Salut !	Hallo!; Tschüss!	**À plus !**	Bis später!

Comment tu vas ?
Wie geht es dir?

→ **Je vais bien.** (Es geht mir gut.)
→ **Je vais très bien.** (Es geht mir sehr gut.)
→ **Je vais mal.** (Es geht mir schlecht.)

Comment tu t'appelles ? → **Je m'appelle** … (Ich heiße …)

Tu as quel âge ?
Wie alt bist du?

→ **J'ai … ans.** (Ich bin … Jahre alt.)

Grundzahlen 6

0	zéro	10	dix	20	vingt
1	un	11	onze	21	vingt et un
2	deux	12	douze	30	trente
3	trois	13	treize	40	quarante
4	quatre	14	quatorze	50	cinquante
5	cinq	15	quinze	60	soixante
6	six	16	seize	70	soixante-dix
7	sept	17	dix-sept	80	quatre-vingts
8	huit	18	dix-huit	90	quatre-vingt-dix
9	neuf	19	dix-neuf	100	cent

Fragewörter und Konjunktionen  7

qui	wer	**que**	was	**comment**	wie
quand	wann	**où**	wo, wohin	**pourquoi**	warum
et	und	**alors**	dann, also	**parce que**	weil
ou	oder	**mais**	aber	**donc**	also

Zeitausdrücke  8

aujourd'hui	heute
demain	morgen
après-demain	übermorgen
le matin	morgens
l'après-midi	nachmittags
le soir	abends

souvent	oft
de temps en temps	ab und zu
toujours	immer
jamais	nie

Wochentage  9

lundi	Montag		
mardi	Dienstag	**vendredi**	Freitag
mercredi	Mittwoch	**samedi**	Samstag
jeudi	Donnerstag	**dimanche**	Sonntag

Sonstiges  10

oui	ja	**merci**	danke
non	nein	**s'il te plaît**	bitte (Du-Form)
ne... pas...	nicht, kein(e)	**s'il vous plaît**	bitte (Sie-Form)

11

Bonjour,
Madame Dalot !
Bonjour, Monsieur
Chalut.
Au revoir !
Bonne journée !

12

Allô, Jean ?
C'est maman !
Salut maman !
Ça va bien ?
Oui, ça va.
Et toi ?
Oh, très bien, merci !

13

Monsieur, M.	Herr
Madame, Mme	Frau
Mademoiselle, Mlle	Fräulein (üblich in F)

14

le passeport	der Reisepass
le formulaire	das Formular
le papier	das Papier
le stylo	der Kugelschreiber
la signature	die Unterschrift

DOCUMENTS

15

le nom	der Name
le prénom	der Vorname
l'adresse	die Adresse
la ville	die Stadt
le pays	das Land

célibataire	ledig
marié(e)	verheiratet
divorcé(e)	geschieden
veuf, veuve	verwitwet

1 Personalien - Sich vorstellen

Um sich oder jemanden vorzustellen, sagen Sie **Madame** *Frau*, **Monsieur** *Herr* oder **Mademoiselle** *Fräulein* gefolgt vom Nachnamen der Person. **Mademoiselle** wird in Frankreich noch oft verwendet, allerdings nur für Frauen, die nicht verheiratet sind. Wollen Sie eine Person rufen, deren Namen Sie nicht kennen, verwenden Sie nur **Monsieur**, **Madame** oder **Mademoiselle**.

Auf den Bildern sehen Sie verschiedene Personen. Sie werden Ihnen vorgestellt. Ergänzen Sie die Sätze.

1. Voici ________ Martin.

3. Voici ________ Parron.

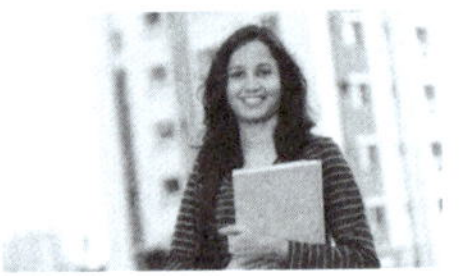

2. Voilà ________ Frombard.

> **Monsieur**, **Madame** und **Mademoiselle** werden oft mit **M.**, **Mme** und **Mlle** abgekürzt.

Wer könnten die Personen aus der Übung 1 sein? Sie können sagen:

C'est un homme / une femme. *Das ist ein Mann / eine Frau.*

C'est un jeune homme / une jeune femme. *Das ist ein junger Mann / eine junge Frau.*
C'est un garçon / une fille. *Es ist ein Junge / ein Mädchen.*

  5  

Die Femininform der meisten Substantive wird durch das Anhängen eines stummen **-e** an das männliche Substantiv gebildet.

un voisin, une voisine	*ein Nachbar, eine Nachbarin*
un ami, une amie	*ein Freund, eine Freundin*
un cousin, une cousine	*ein Cousin, eine Cousine*

  2

So schnell geht es und Sie haben schon den unbestimmten Artikel gelernt. Hier eine kurze Übersicht:

Singular	**un**	*ein*	**une**	*eine*
Plural	**des**	-	**des**	-

Achtung: Im Französischen gibt es nur zwei Geschlechter: feminin (weiblich) und maskulin (männlich).

Wortschlange: Trennen Sie die Wörter mit Schrägstrichen.

d e s h o m m e s u n e a m i e u n a m i d e s
f e m m e s u n v o i s i n u n c o u s i n d e s v o i s i n s
d e s a m i e s u n j e u n e h o m m e

LÖSUNG

1 1. Madame; **2.** Mademoiselle; **3.** Monsieur • **5** des / hommes / une / amie / un / ami / des / femmes / un / voisin / un / cou-sin / des / voisins / des / amies / un / jeune / homme

Die Pluralbildung der Substantive wird durch das Anhängen eines **-s** gekennzeichnet. Dieses **-s** wird nicht ausgesprochen: **un homme** *ein Mann* **des hommes** *Männer.*

Wie lautet die Pluralform von ...?

1. **un formulaire** *ein Formular* ______
2. **un passeport** *ein Reisepass* ______
3. **un papier** *ein Papier* ______
4. **un stylo** *ein Kugelschreiber* ______
5. **une signature** *eine Unterschrift* ______

Angekommen in Frankreich, werden Sie über kurz oder lang sicher ein Formular mit Ihren Personalien ausfüllen müssen.

Verbinden Sie die Angaben, die zusammengehören.

1. Adresse :	___	**A** Cécile
2. Pays (p. ex. : France) :	___	**B** Belgique
3. Ville (p. ex. : Paris) :	___	**C** Barbrot
4. Prénom :	___	**D** 13, rue Charles de Gaulle
5. Nom :	___	**E** Bordeaux

Hier lernen Sie den bestimmten Artikel:

Singular	**le / l'**	*der*	**la / l'**	*die*
Plural	**les**	*die (Pl)*	**les**	*die (Pl)*

Achtung: Vor einem Vokal oder einem stummen **h** (siehe Seiten Aussprache) werden **le** und **la** apostrophiert zu **l'**.

Jetzt sind Sie dran! Kreuzen Sie den richtigen Artikel an.

	le	la	l'
1. nom (m)	☐	☐	☐
2. prénom (m)	☐	☐	☐
3. adresse (f)	☐	☐	☐
4. homme (m)	☐	☐	☐
5. ville (f)	☐	☐	☐

In einer französischen Adresse steht die Hausnummer vor dem Straßennamen!

Vielleicht wird man Sie auch nach Ihrem Familienstand fragen. Kreisen Sie **oui** *ja* oder **non** *nein* für Ihre persönliche Situation ein.

1. célibataire	*ledig*	**oui**	**non**
2. marié(e)	*verheiratet*	**oui**	**non**
3. divorcé(e)	*geschieden*	**oui**	**non**
4. veuf, veuve	*verwitwet*	**oui**	**non**

LÖSUNG

4 **1.** des formulaires; **2.** des passeports; **3.** des papiers; **4.** des stylos; **5.** des signatures • **7** 1D; 2B; 3E; 4A; 5C • **8** **1.** le; **2.** le; **3.** l'; **4.** l'; **5.** la

2 Sich begrüßen

Um sich zu begrüßen, sagt man in Frankreich **Bonjour** *Guten Tag* oder **Salut** *Hallo*. **Salut** wird allerdings nur unter guten Freunden gebraucht. Am Abend wünscht man sich **Bonsoir** *Guten Abend*. Zur Begrüßung fragen die Franzosen gerne ihr Gegenüber nach seinem Befinden, ohne dabei eine genaue Antwort zu erwarten. Auf die Frage **Ça va ?** *Wie geht's?*, wird üblicherweise **Ça va !** *Gut!* geantwortet.
Wenn sie sich kennen, begrüßen sich die Franzosen mit zwei bis vier *Küsschen* auf die Wangen, **la bise**. Unter Frauen, in der Familie, aber auch wenn man in eine Gruppe kommt, wird man gleich geküsst. Also keine Hemmungen, es hat keine besondere Bedeutung!

Verbinden Sie die Fragen mit der entsprechenden Antwort.

1. Salut Simon. Ça va ?	___ **A** Oui, enchantée.
2. Bonjour Pierre !	___ **B** Salut, ça va bien. Et toi ?
3. Moi, c'est Lucie. Et toi ?	___ **C** Bonjour Pascale.
4. Mme Dubois ?	___ **D** Moi, je suis Julien.

Zur Verabschiedung sagt man im Allgemeinen **Au revoir** *Auf Wiedersehen*. Beachten Sie, dass **Salut** auch im Sinne von *Tschüss* verwendet wird.

Au revoir. *Auf Wiedersehen.*
Salut. *Tschüss.*
À plus (tard) ! *Bis später!*
Bonne journée ! *Einen schönen Tag!*
Bonne soirée ! *Einen schönen Abend!*

Ordnen Sie den Bildern die richtigen Sätze zu.

A

B

C

____ **1.** Bonjour Mme Dalot. – Bonjour M. Chalus, enchantée.

____ **2.** Bonjour, ça va ? – Ça va très bien et toi ?

____ **3.** Salut, à plus !

4 § 18 👂 22

Suis ist die 1. Person Singular Präsens von **être** *sein*. Hier sind die Formen im Überblick.

je suis	*ich bin*	**nous sommes**	*wir sind*
tu es	*du bist*	**vous êtes**	*ihr seid / Sie sind*
il / elle est	*er / sie ist*	**ils / elles sont**	*sie sind*

Achtung: Die Höflichkeitsform im Französischen ist **vous**.

LÖSUNG

1 1B; 2C; 3D; 4A • **3** 1C; 2A; 3B

2 Sich begrüßen

Verbinden Sie.

1. ils	___	**A** suis
2. nous	___	**B** sont
3. je	___	**C** est
4. on	___	**D** êtes
5. vous	___	**E** sommes

On (3. Pers. Sing.) *man* wird oft in der Umgangssprache anstelle von **nous** benutzt.

Mögliche Antworten auf die Frage **Ça va ?** sind:

Très bien !	*Sehr gut!*	**Ça va bien.**	*Mir geht es gut.*
Ça va.	*Es geht so. / Gut.*	**Ça ne va pas.**	*Mir geht es schlecht.*

Oder Sie fragen gleich zurück: **Et toi ?** *Und dir?* bzw. **Et vous ?** *Und Ihnen?*. **Toi** und **vous** sind **betonte Personalpronomen**, die in einem Satz ohne Verb, allein oder nach einer Präposition stehen können. Hier sind sie im Überblick:

je	**moi**	nous	**nous**
tu	**toi**	vous	**vous**
il	**lui**	ils	**eux**
elle	**elle**	elles	**elles**

25

Und so klingt die Begrüßung am Telefon. Achten Sie dabei auf das kleine Wörtchen **Allô**, das man am Telefon verwendet, wenn man sich meldet.

- **Allô ?**	*Hallo?*
+ **Allô Marie ! Bonjour, c'est Jean.**	*Hallo Marie! Guten Tag, hier spricht Jean.*

Nur eine Reaktion passt. Welche? Kreuzen Sie an.

1. Allô ?
- **A** Enchanté.
- **B** Bonjour Karim.

2. Et toi, ça va ?
- **A** Oui, ça va.
- **B** À plus tard.

3. Comment ça va ?
- **A** Ça va bien.
- **B** Non.

4. Au revoir.
- **A** Bonjour.
- **B** À plus !

LÖSUNG

5 1B; 2E; 3A; 4C; 5D • **9** 1B; 2A; 3A; 4B

26

grand(e) ≠ petit(e)	groß ≠ klein
gros(se) ≠ mince	dick ≠ dünn
joli(e) ≠ laid(e)	hübsch ≠ hässlich

blond(e)	blond	**brun(e)**	dunkelhaarig
roux, rousse	rothaarig		

intéressant(e) ≠ ennuyant(e)	interessant ≠ langweilig
content(e) ≠ triste	glücklich ≠ traurig
intelligent(e) ≠ bête	intelligent ≠ blöd
gentil(le) ≠ méchant(e)	nett ≠ gemein

27

le père – la mère	der Vater – die Mutter
le grand-père – la grand-mère	der Großvater – die Großmutter
le fils – la fille	der Sohn – die Tochter
le petit-fils – la petite-fille	der Enkel – die Enkelin
l'oncle – la tante	der Onkel – die Tante

Cher/Chère...	Lieber/Liebe ...
Grosses bises	Herzliche Grüße
Amitiés	Liebe Grüße

3 Aussehen

Wie würde man in Deutschland einen Franzosen beschreiben? Er ist bekannterweise temperamentvoll, leicht unordentlich, nationalbewusst, elegant, charmant und hat das nötige Laisser-faire und Savoir-vivre, um gelassener und vielleicht offener durch das Leben zu kommen. Alles Klischees? Wahrscheinlich, aber an einem Klischee ist immer etwas Wahres daran.

Wenn man eine Person beschreiben möchte, kann man z. B. sagen, wie sie aussieht. **Il / Elle est…**

grand(e)	*groß*	**petit(e)**	*klein*
gros(se)	*dick*	**mince**	*dünn*
joli(e)	*hübsch*	**laid(e)**	*hässlich*
brun(e)	*dunkelhaarig*	**blond(e)**	*blond*
roux, rousse	*rothaarig*	**frisé(e)**	*lockig*

Folgender Dialog zeigt Ihnen, wie man jemanden beschreibt:

- **Tu connais M. Giraud, le jeune voisin ?**	*Kennst du M. Giraud, den jungen Nachbarn?*
+ **Il est roux ?**	*Ist er rothaarig?*
- **Oui. Et il a une femme blonde, très élégante.**	*Ja. Und er hat eine blonde, sehr elegante Frau.*
+ **Ah oui, je vois, ils sont charmants tous les deux.**	*Doch, ja klar, sie sind beide sehr nett.*

Ergänzen Sie die Lücken in der Sprechblase mit den Adjektiven groß, dunkelhaarig und ledig.

3  

Wie im Dialog, richtet sich das Adjektiv in Geschlecht und Zahl nach dem Substantiv, auf das es sich bezieht (auch nach **être**).

un petit garçon	*ein kleiner Junge*
une petite fille	*ein kleines Mädchen*
des petits garçons	*kleine Jungen*
des petites filles	*kleine Mädchen*

Achten Sie darauf, dass der Endkonsonant im Femininum ausgesprochen wird.

Sie können aber auch fragen, wie der Charakter einer Person ist. Dafür fragen Sie: **Il / Elle est comment ?** *Wie ist er / sie?*

intéressant(e)	*interessant*	**ennuyant(e)**	*langweilig*
content(e)	*glücklich*	**triste**	*traurig*
intelligent(e)	*intelligent*	**bête**	*blöd*
gentil(le)	*nett*	**méchant(e)**	*gemein*

LÖSUNG

2 1. grande; **2.** brune; **3.** célibataire

Achtung: **veuf**, **gros**, **roux** sowie **gentil** haben besondere Femininformen (siehe auch Lektion 19).

Beschreiben Sie Ihre Freunde. Kreuzen Sie an.

1. Cécile est très
- **A** intelligent.
- **B** intelligente.

2. Nos voisins sont
- **A** intéressants.
- **B** intéressantes.

3. Tu es
- **A** tristes ?
- **B** triste ?

4. Pascal et Valérie sont
- **A** contentes.
- **B** contents.

6 § 17 35

Sie kennen schon **il a** *er hat*, wenn Sie beschreiben wollen, was jemand hat. Hier ist eine kurze Übersicht des Verbs **avoir** *haben* im Präsens:

j'ai	*ich habe*	**nous avons**	*wir haben*
tu as	*du hast*	**vous avez**	*ihr habt / Sie haben*
il / elle a	*er / sie hat*	**ils / elles ont**	*sie haben*

Kreuzen Sie **oui** *ja* oder **non** *nein* an, je nachdem ob die Aussagen auf Sie zutreffen. Die neuen Vokabeln können Sie mithilfe der Bilder besser verstehen.

1. Vous avez une petite voiture ? A oui B non
2. Vous avez des lunettes ? A oui B non
3. Vous avez un livre intéressant ? A oui B non
4. Vous avez une barbe ? A oui B non

Haben Sie aus der vorigen Übung die richtige Stellung des Adjektivs herausgefunden? Hier eine kleine Hilfe:

1. Kurze Adjektive stehen meist ____________ dem Substantiv.
2. Dagegen stehen ____________ Adjektive nach dem Substantiv.

Und jetzt üben Sie und sagen Sie

3. ..., dass Sie große Augen haben.

____

4. ...., dass Sie eine sehr intelligente Freundin haben.

____

LÖSUNG

5 1B; 2A; 3B; 4B • **8** **1.** vor; **2.** lange; **3.** J'ai des grands yeux. **4.** J'ai une amie très intelligente.

4 Persönliche und soziale Kontakte

Wenn man sich (noch) nicht so gut kennt, wird man meist erst einmal zu einem Aperitif gegen 18 oder 19 Uhr eingeladen. Man trinkt etwas zusammen, z. B. einen mit vielen Eiswürfeln gekühlten **pastis** *alkoholisches Anisgetränk aus Südfrankreich*, einen **kir** *Weißwein mit Likör* oder einen **porto** *Portwein* und isst dabei **amuse-gueules** *Häppchen* oder **cacahuètes** *Erdnüsse*.

So laden Sie jemanden zum Aperitif ein:

- **Tu es là demain ?**	*Bist du morgen da?*
+ **Oui, je pense. Pourquoi ?**	*Ja, ich denke. Warum?*
- **Je t'invite à l'apéritif.**	*Ich lade dich zum Aperitif ein.*
+ **Je regarde dans mon calendrier... D'accord !**	*Ich schaue mal in meinen Kalender ... Einverstanden!*
- **Tu as le temps ? Super !**	*Du hast Zeit? Super!*
+ **Alors, je passe demain soir pour l'apéro. Salut !**	*Also, ich komme morgen Abend zum Aperitif. Tschüs.*

L'apéro (m) ist das umgangssprachliche Wort für **apéritif**.

2

Kreuzen Sie die Verben an, die Sie aus dem Dialog erkennen:

- **A** **inviter** *einladen*
- **B** **téléphoner** *telefonieren*
- **C** **s'appeler** *heißen*
- **D** **regarder** *schauen*
- **E** **passer** *vorbeikommen*
- **F** **aimer** *mögen / gern haben*
- **G** **penser** *denken*

3 § 19 36

Diese Verben enden wie die meisten französischen Verben im Infinitiv auf **-er**. Hier sind ihre Formen im Präsens:

je regarde	*ich schaue*	**nous regardons**	*wir schauen*
tu regardes	*du schaust*	**vous regardez**	*ihr schaut / Sie schauen*
il / elle regarde	*er / sie schaut*	**ils / elles regardent**	*sie schauen*

4

Ergänzen Sie die Verben mit der richtigen Endung im Präsens.

1. Nous pass___ demain.

2. Vous aim___ la France ?

3. Tu téléphon___ à une amie ?

4. Ella et Marie regard___ la carte.

5. Je pens___ à toi.

LÖSUNG

2 A; D; E; G • **4** **1.** passons; **2.** aimez; **3.** téléphones; **4.** regardent; **5.** pense

Man kann zu vielen Anlässen eingeladen werden. Und vielleicht ist sogar Gratulieren angesagt!

Joyeux anniversaire !	*Alles Gute zum Geburtstag!*
Félicitations !	*Gratulation!*
Joyeux Noël !	*Frohe Weihnachten!*
Bonne année !	*Frohes neues Jahr!*

Sie kommen zu einer Einladung und Sie kennen niemanden? Machen Sie ein bisschen Small-Talk. Sie können fragen:

A	**Comment vous appelez-vous ?**	*Wie heißen Sie?*
B	**Vous travaillez où ?**	*Wo arbeiten Sie?*
C	**Vous avez quel âge ?**	*Wie alt sind Sie?*
D	**Vous êtes d'où ?**	*Woher sind Sie?*

Leider sind die möglichen Antworten durcheinander. Tragen Sie den Buchstaben der richtigen Frage ein.

1. **Je suis de Bretagne.**
2. **Je m'appelle Carine.**
3. **J'ai 30 ans.**
4. **Je travaille à Toulouse.**

Achtung: Die Altersangabe wird mit **avoir** *haben* gebildet:
J'ai 30 ans. *Ich bin 30 Jahre alt.*
Weitere Zahlen entnehmen Sie dem Wortschatz im Anhang.

Finden Sie die richtige Formulierung. Kreuzen Sie an.

1. Zur Einladung:
- **A** Je t'invite.
- **B** Je regarde.
- **C** J'ai le temps.

2. Zur Herkunft:
- **A** Vous travaillez où ?
- **B** Vous êtes d'où ?
- **C** Vous passez demain ?

3. Zum Geburtstag:
- **A** Bonne année !
- **B** Bon courage !
- **C** Bon anniversaire !

4. Zur Altersangabe:
- **A** Tu as quel âge ?
- **B** Tu es d'où ?
- **C** D'accord ?

Bon courage ! bedeutet *Viel Glück!* oder *Nur Mut!* oder auch *Viel Erfolg!*.

8

Bei einer Familienfeier: Wissen Sie eigentlich, wie das weibliche Pendant zu dem Begriff lautet? Verbinden Sie.

1. le père *der Vater* ___ **A** la petite-fille

2. le grand-père *der Großvater* ___ **B** la mère

3. l'oncle *der Onkel* ___ **C** la fille

4. le fils *der Sohn* ___ **D** la tante

5. le petit-fils *der Enkel* ___ **E** la grand-mère

LÖSUNG

6 1D; 2A; 3C; 4B • **7** 1A; 2B; 3C; 4A • **8** 1B; 2E; 3D; 4C; 5A

5 Korrespondenz

Französische und deutsche Briefe unterscheiden sich meist in den Formulierungen voneinander. Während der Empfänger in der Anrede eines privaten Briefs namentlich erwähnt wird, steht im offiziellen Schriftverkehr nur **Madame, Mademoiselle** bzw. **Monsieur,** ohne jeglichen Zusatz. In diesem Fall braucht man unbedingt als Schlussformel **Veuillez agréer mes sincères salutations.**, was man im Deutschen mit *Mit freundlichen Grüßen* übersetzen würde.

Lesen Sie die Postkarte aus dem Urlaub und ergänzen Sie die Lücken mit folgenden Wörtern: **temps, charmants, joli, femme, suis, On, habite, aime**.

Chère Béatrice,
Je ________ **1** sur la côte atlantique. C'est très ________ **2** ici !
J'________ **3** les spécialités de la région. J'________ **4** chez Christophe, un ami, et sa ________ **5**, Corinne. Ils sont ________ **6**. Nous n'avons pas beaucoup de ________ **7**.
________ **8** s'appelle demain.
Grosses bises, Clara

Cher(s) Maurice (et Stéphane)	*Lieber Maurice (Liebe Maurice und Stéphane)*
Chère(s) Clara (et Sandra)	*Liebe Clara (Liebe Clara und Sandra)*
Grosses bises	*Herzliche Grüße*
Amitiés	*Liebe Grüße*

2 19 39

Sie kennen das Verb **s'appeler** im Sinne von *heißen*, **appeler** ohne Reflexivpronomen heißt dagegen *anrufen / telefonieren*. Hier sehen Sie eine Übersicht der reflexiven Pronomen:

je m'appelle	*ich heiße*	**nous nous appelons**	*wir heißen*
tu t'appelles	*du heißt*	**vous vous appelez**	*ihr heißt / Sie heißen*
il / elle s'appelle	*er / sie heißt*	**ils / elles s'appellent**	*sie heißen*

Achtung: **appeler** hat Sonderformen im Präsens!

3

Auf Ihr Handy bekommen Sie eine kurze SMS. Versuchen Sie jetzt darauf zu antworten:

1. On se téléphone sur le portable demain ? *Rufen wir uns morgen auf dem Handy an?*

Oui, on ______________________

2. Tu te demandes pourquoi ? *Fragst du dich warum?*

Oui, je ______________________

3. Vous vous dépêchez ? *Beeilt ihr euch?*

Oui, nous ______________________

LÖSUNG

1 1. suis; **2.** joli; **3.** aime; **4.** habite; **5.** femme; **6.** charmants; **7.** temps; **8.** On •
3 1. on se téléphone...; **2.** je me demande...; **3.** nous nous dépêchons

4

In Ihrer Korrespondenz können Sie auch erwähnen, was Sie mögen oder nicht. Ergänzen Sie die Tabelle nach Ihren eigenen Vorstellungen:

J'aime... *Ich mag ...*	**Je n'aime pas...** *Ich mag nicht ...*
Paris	*la salade*

5 § 26

Können Sie aus der letzten Übung erschließen, wie die Verneinung im Französischen heißt? ______

Ne wird vor einem Vokal oder einem stummen **h** zu **n'**.
Die Verneinung umschließt das konjugierte Verb einschließlich Reflexiv- oder Objektpronomen: **Je ne sais pas.** *Ich weiß nicht.*

6 § 26 40

Und so klingt die „Meckerecke". Sagen Sie das Gegenteil in einem verneinten Satz!

1. J'aime ça. *Ich mag es gern.* ______

2. Ça me plaît. *Das gefällt mir.* ______

3. C'est bien. *Das ist schön / gut.* ______

4. J'adore ! *Ich liebe es!* *Je déteste.*

7

Sehen Sie sich die verschiedenen Situationen an. Kreuzen Sie die passende Aussage an.

1

2

3

4

1. ☐ **A** Ils s'aiment. ☐ **B** Ils sont au bar. ☐ **C** Ils travaillent.

2. ☐ **A** Je m'appelle Isabelle. ☐ **B** Je m'appelle Jean.
☐ **C** Nous nous appelons Florence et Henri.

3. ☐ **A** Ils se dépêchent. ☐ **B** Elles se téléphonent.
☐ **C** Ils se regardent.

4. ☐ **A** J'aime Barcelone. ☐ **B** J'aime Paris. ☐ **C** J'aime Berlin.

8

Nur eine Antwort passt. Welche? Kreuzen Sie an.

1. Briefanfang
☐ **A** Cher Patrick,
☐ **B** Allô Patrick !

2. Briefende
☐ **A** Au revoir.
☐ **B** Amitiés.

3. Es gefällt Ihnen.
☐ **A** Ça me plaît.
☐ **B** Je déteste.

4. Sie sind unschlüssig.
☐ **A** C'est bien.
☐ **B** Je ne sais pas.

LÖSUNG

5 ne (n')… pas • **6 1.** Je n'aime pas ça.; **2.** Ça ne me plaît pas.; **3.** Ce n'est pas bien. • **7** 1A; 2B; 3C; 4B • **8** 1A; 2B; 3A; 4B

À table !	Zu Tisch!
Ça sent bon !	Das riecht gut!
J'adore !	Ich liebe es!
Je n'aime pas.	Es schmeckt mir nicht.
J'ai faim/soif.	Ich habe Hunger/Durst.
Bon appétit !	Guten Appetit!

Bon Appétit

41

42

Tu me passes du pain, s'il te plaît ?
Kannst du mir bitte Brot reichen?

Tiens, voilà.
Hier, bitte.

Merci !
Danke !

De rien !
Bitte.

43

le couteau	das Messer
la fourchette	die Gabel
la cuillère	der Löffel
l'assiette	der Teller
le verre	das Glas
la carafe	die Karaffe

le petit-déjeuner	das Frühstück
le déjeuner	das Mittagessen
le dîner	das Abendessen

l'hypermarché	der Supermarkt
la boulangerie	die Bäckerei
la boucherie	die Metzgerei
la pâtisserie	die Konditorei
le restaurant	das Restaurant

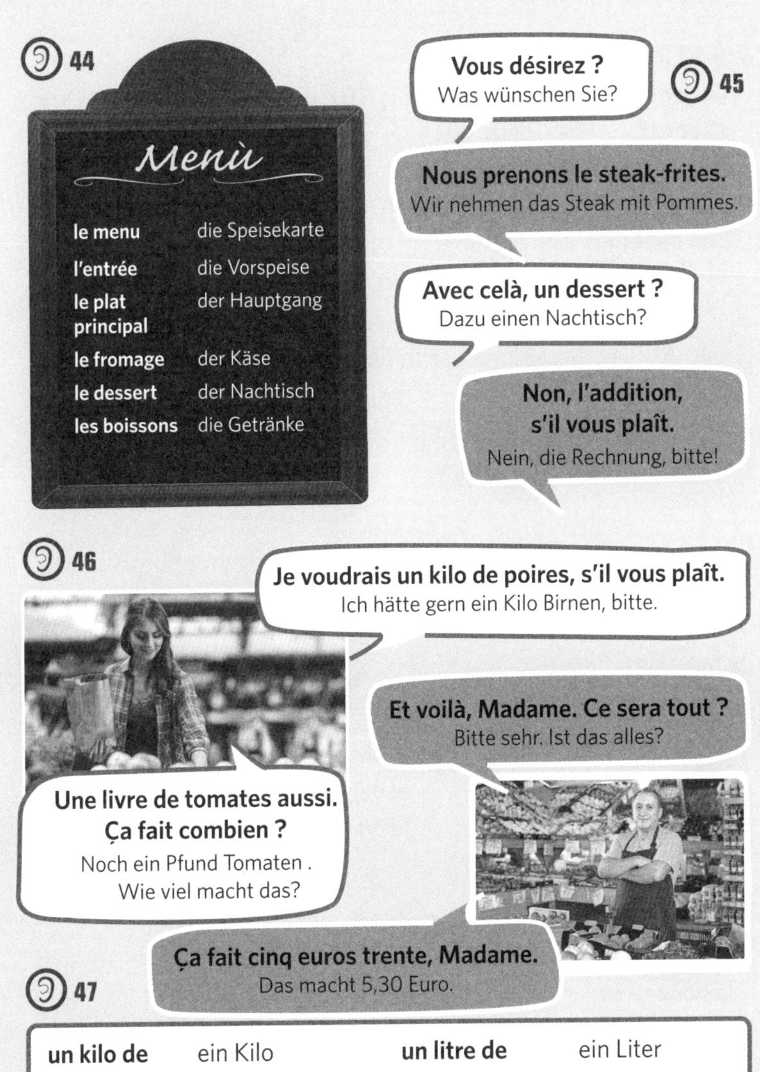

47

un kilo de	ein Kilo	**un litre de**	ein Liter
une livre de	ein Pfund	**un paquet de**	ein Päckchen

6 Essen und Trinken

Franzosen beginnen den Tag mit dem **petit-déjeuner** *Frühstück*. Es besteht aus einem Kaffee und vielleicht etwas Süßem, wie **croissant**, **tartine** *Butterbrot* mit Marmelade oder Honig. Croissants oder Brioches sind eher für das Wochenende reserviert, während Wurst und Käse so gut wie nie auf dem Tisch zu sehen sind. Mittags ist **le déjeuner** *das Mittagessen*, das mindestens aus drei Gängen besteht, die Hauptmahlzeit des Tages. Berufstätige gehen sogar dafür wieder nach Hause. Abends wird das **dîner** erst gegen 20 Uhr eingenommen: Es ist eine zweite warme Mahlzeit, bei der man im Gegensatz zum Frühstück gerne zusammensitzt und erzählt.

Lassen Sie den Dialog auf sich wirken. Also, **bon appétit !** *guten Appetit!*

- **À table !**	*Zu Tisch!*
+ **Mmm, ça sent bon, qu'est-ce qu'on mange ?**	*Mmm, es riecht gut, was essen wir?*
- **Une spécialité d'Auvergne !**	*Eine Spezialität aus der Auvergne.*
+ **Une potée peut-être ?**	*Einen Fleisch-Gemüse-Eintopf vielleicht?*
- **Exactement !**	*Genau!*
+ **Génial, j'adore et j'ai très faim !**	*Genial, ich liebe es und ich habe großen Hunger!*

Vorsicht! Aufgrund der Aussprache schreibt man **nous mangeons** *wir essen* und **nous commençons** *wir fangen an*.

2

Sie können schon viel mehr sagen als Sie denken. Verbinden Sie die deutschen Begriffe rechts mit den entsprechenden französischen Ausdrücken links.

1. C'est bon.	___	**A** Guten Appetit!
2. J'ai faim.	___	**B** Ich habe Hunger.
3. J'adore !	___	**C** Es schmeckt mir nicht.
4. À table !	___	**D** Das riecht gut.
5. Ça sent bon.	___	**E** Ich habe Durst.
6. J'ai soif.	___	**F** Zu Tisch!
7. Je n'aime pas.	___	**G** Ich liebe es!
8. Bon appétit !	___	**H** Das schmeckt gut.

3

Soll Ihnen zu Tisch vielleicht jemand etwas *reichen* **passer**? So könnten Sie es sagen:

LÖSUNG

2 1H; 2B; 3G; 4F; 5D; 6E; 7C; 8A

6

Essen und Trinken

Anbieten, Annehmen und Ablehnen. So können Sie es sagen:

Un café ?	*Einen Kaffee?*
De l'eau, s'il te plaît !	*Wasser bitte!* (bei einer Person)
Avec du lait, s'il vous plaît !	*Mit Milch bitte!* (bei mehreren Personen oder Höflichkeitsform)
Oui, merci.	*Ja, danke.*
De rien.	*Bitte.* (als Antwort auf danke)
Non, merci.	*Nein, danke.*

Für unbestimmte Mengen und unzählbare Dinge braucht man im Französischen den Teilungsartikel. Dieser steht auch nach **il y a** *es gibt* und **avec** *mit*. Im Deutschen stehen dafür die Substantive ohne Artikel: **Tu** me **donnes de l'eau ?** *Gibst du mir Wasser?* Hier eine kurze Übersicht:

Singular	**du / de l'**	**de la / de l'**
Plural	**des**	

Du und **de la** werden zu **de l'** vor Vokal oder stummem **h**!

Achtung: In diesem Fall lautet die Verneinung: **ne... pas de**:
Je ne mange pas de croissants. *Ich esse keine Croissants.*

In der folgenden Übung können Sie sagen, was Sie gerne essen oder nicht. Kreuzen Sie dafür den passenden Artikel an.

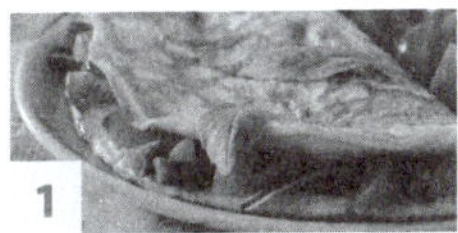

1. Mmm, aujourd'hui, il y a
- **A** l'omelette.
- **B** de l'omelette.

2. J'adore
- **A** les fruits !
- **B** des fruits !

3. Je ne mange pas
- **A** de viande.
- **B** une viande.

4. Mes tartines sont toujours avec
- **A** le beurre.
- **B** du beurre.

51

Kennen Sie für Frankreich typische alkoholfreie Getränke? Wie wäre es mit ...

la limonade	*die Limonade*
la grenadine	*mit Zucker gesüßter Fruchtsirup von intensiv roter Farbe, mit viel Wasser serviert*
l'orangeade, f	*Getränk aus Orangen-, Zitronensaft, Wasser und Zucker, mit oder ohne Kohlensäure*

So fragen Sie nach einer Limonade: **De la limonade, s'il te plaît !** Und wie fragen Sie nach nach dem Orangengetränk?

____

LÖSUNG

5 1B; 2A; 3A; 4B • **6** De l'orangeade, s'il te plaît !

7 Im Restaurant

Wenn Sie in Frankreich essen gehen wollen, ist der beste Zeitpunkt Sonntagmittag. **Le menu** *das Menü*, das eine preiswertere Alternative zu Speisen **à la carte** bietet, besteht mindestens aus **une entrée** *einer Vorspeise*, **un plat principal** *einem Hauptgericht* und **un dessert** *einem Nachtisch*. **Le fromage** *der Käse* wird wahlweise statt Nachtisch angeboten. Auf einem Teller oder Servierwagen werden Ihnen mehrere Käsestücke angeboten. Trauen Sie sich und probieren Sie!

Wenn man in ein Restaurant kommt, wird man meist zuerst gefragt, ob man reserviert hat.

– **Bonjour, vous avez réservé ?**	*Guten Tag, haben Sie reserviert?*
+ **Oui, une table pour huit personnes.**	*Ja, einen Tisch für acht Personen.*
– **C'est à quel nom ?**	*Auf welchen Namen?*
+ **Dupont.**	*Dupont.*
– **Oui, suivez-moi !**	*Ja, folgen Sie mir.*

Natürlich geht es auch ohne Reservierung:

– **Bonjour ! C'est pour combien de couverts ?**	*Guten Tag! Für wie viele Personen?*
+ **Quatre.**	*Vier.*
– **Parfait ! Nous avons une table pour quatre là-bas.**	*Perfekt! Wir haben dort einen Tisch für vier (Personen).*

2  53

Les couverts bezeichnen eigentlich auch ***das Besteck***. Hier eine nützliche Liste, falls Sie etwas brauchen:

le couteau	*das Messer*	**l'assiette, f**	*der Teller*
la fourchette	*die Gabel*	**le verre**	*das Glas*
la cuillère	*der Löffel*	**la carafe**	*die Karaffe*

3

Einige neue Wörter aus dieser Lektion sind durcheinander gekommen. Finden Sie sie wieder?

1. R E T S D E S ____________

2. T S R U V O E C ____________

3. A U T O C U E ____________

4. V R R R S E E E ____________

4

Kennen Sie sich mit französischen Gerichten aus? Ordnen Sie sie der richtigen Bezeichnung zu.

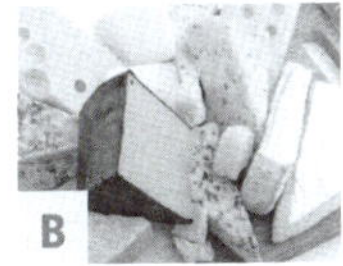

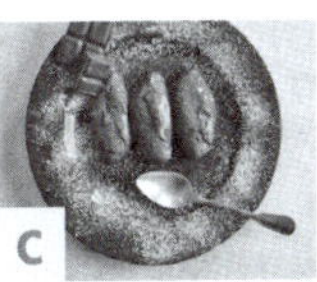

1. ___ le plateau de fromages

2. ___ la salade niçoise

3. ___ les crêpes suzette

4. ___ la mousse au chocolat

LÖSUNG

3 1. dessert; **2.** couverts; **3.** couteau; **4.** réserver • **4** 1B; 2A; 3D; 4C

7 Im Restaurant

  19   54

Nachdem Sie sich die Speisekarte angeschaut haben, kommt der Ober und fragt Sie **Vous désirez ?** *Was wünschen Sie?* Brauchen Sie vielleicht ein paar Antwortvorschläge?

Je prends la soupe et le bifteck-frites.	*Ich nehme die Suppe und das Steak mit Pommes.*
Je voudrais le menu du jour, s'il vous plaît.	*Ich hätte gerne das Tagesmenü bitte.*

Oder genauer:

En hors-d'œuvre, nous prenons les crudités.	*Als Vorspeise nehmen wir den Salatteller.*
Comme plat principal, je voudrais le coq au vin.	*Als Hauptgericht hätte ich gerne das Hähnchen in Rotweinsauce.*

Und bei Getränken:

Nous prenons un apéritif.	*Wir nehmen einen Aperitif.*
Je prends du vin.	*Ich nehme Wein.*

Hierfür brauchen Sie die Konjugation von **prendre** *nehmen.*  55

je prends	*ich nehme*	**nous prenons**	*wir nehmen*
tu prends	*du nimmst*	**vous prenez**	*ihr nehmt / Sie nehmen*
il / elle prend	*er / sie nimmt*	**ils / elles prennent**	*sie nehmen*

Ebenso werden **apprendre** *lernen* und **comprendre** *verstehen* konjugiert, falls Sie etwas nicht verstehen sollten!

Sie können auch **À la tienne !** (bei einer Person) oder **À la vôtre !** (bei mehreren Personen oder Höflichkeitsform) *Zum Wohl!* sagen.

Santé, hier *Prost*, bedeutet übrigens wörtlich *Gesundheit*, bei Niesattacken allerdings sagt man **À tes / vos souhaits !**

Vorsicht! **Les boissons** *die Getränke* bestellt man nicht als Erstes, denn je nach gewähltem Hauptgericht wird man den dazu passenden Wein aussuchen: meist für rotes Fleisch einen *Rotwein*, **le vin rouge** und für helles Fleisch oder Fisch einen **vin blanc** *Weißwein*.

7 

Stellen Sie sich jetzt vor, dass Sie etwas bestellen. Verbinden Sie die Fragen des Obers mit den passenden Antworten.

1. Vous prenez un café ? ____ **A** Oui, nous prenons une assiette de crudités.

2. En dessert, vous désirez ? ____ **B** Non, plutôt un vin rouge.

3. Vous prenez une entrée ? ____ **C** Du gâteau au chocolat.

4. Avec cela, un vin blanc ? ____ **D** Non, l'addition, s'il vous plaît !

LÖSUNG

7 1D; 2C; 3A; 4B

8 Einkaufen

Wochenmärkte und Biomärkte sind bei Franzosen sehr beliebt. Aber das Einkaufen wird häufig im großen ***Supermarkt***, **l'hypermarché** erledigt, in dem man fast alles finden kann: von Lebensmitteln über Fernsehgeräte bis hin zu Getränken, da es in Frankreich nämlich keine Getränkemärkte gibt. Geschäfte sind meistens bis 19.30 Uhr geöffnet. ***Bäckereien***, **les boulangeries**, haben sonntags auf, dafür montags Ruhetag!

la boucherie	*die Metzgerei*	**la pâtisserie**	*die Konditorei*
la bijouterie	*das Juweliergeschäft*	**l'épicerie, f**	*das Lebensmittelgeschäft*
le magasin de sport	*das Sportgeschäft*	**le magasin de vêtements / de chaussures**	*das Bekleidungs-/ Schuhgeschäft*

Prägen Sie sich zunächst folgende Obst- und Gemüsesorten gut ein, um sich auf die nächste Übung vorzubereiten.

la pomme de terre

la fraise

la pomme

Sie können nun schon Ihre Einkaufsliste um einiges erweitern! Trennen Sie die Produkte, die Sie in der Wortschlange erkennen, mit Schrägstrichen. Viele Wörter werden Sie aus dem Deutschen ableiten können.

p a i n t o m a t e v i a n d e p o m m e b a n a n e
c r o i s s a n t g â t e a u p o m m e d e t e r r e
o r a n g e f r a i s e s a l a d e s t e a k f r u i t

Einkaufen heißt **faire les courses**, *kaufen* **acheter**.
Acheter gehört zu den Verben auf **-er**, weist aber eine Besonderheit auf: Vor Endung mit stummem **-e** wird **e** zu **è**.

j'achète	*ich kaufe*	**nous achetons**	*wir kaufen*
tu achètes	*du kaufst*	**vous achetez**	*ihr kauft / Sie kaufen*
il / elle achète	*er / sie kauft*	**ils / elles achètent**	*sie kaufen*

Aber wo können Sie diese Produkte kaufen?

1. J'achète de la salade
- **A** à la pâtisserie.
- **B** au marché.

2. Nous achetons le pain
- **A** à la boucherie.
- **B** à la boulangerie.

3. Je prends de la viande
- **A** à la bijouterie.
- **B** à la boucherie.

LÖSUNG

2 pain-tomate-viande-pomme-banane-croissant-gâteau-pomme de terre-orange-fraise-salade-steack-fruit • **4** 1B; 2B; 3B

Folgender Dialog zeigt Ihnen, wie Sie auf dem Wochenmarkt zurechtkommen.

Monnaie bedeutet sowohl *Kleingeld* als auch *Rückgeld*.

- **Je voudrais un kilo de poires, s'il vous plaît.**	*Ich hätte gerne ein Kilo Birnen bitte.*
+ **Et voilà, Madame. Ce sera tout ?**	*Hier bitte schön. Ist das alles?*
- **Une livre de tomates aussi. Ça fait combien ?**	*Und noch ein Pfund Tomaten. Wie viel kostet das?*
+ **Ça fait cinq euros trente, Madame.**	*Das macht fünf Euro dreißig.*
- **Voilà vingt euros, je n'ai pas de monnaie.**	*Hier sind zwanzig Euro, ich habe kein Kleingeld.*
+ **Ce n'est pas grave. Moi, j'ai assez de monnaie.**	*Das ist nicht schlimm. Ich habe genug Kleingeld.*

Weitere Zahlen finden Sie im Anhang.

Können Sie aus dem Dialog erschließen, wie man ein Kilo Birnen sagt?

1. ______________________________

Achtung! Auf Mengenangaben folgt die Präposition **de**!

2. Können Sie jetzt 500 g Kartoffeln sagen?

____

Oft hört man umgangssprachlich **patates** anstelle von **pommes de terre** *Kartoffeln*.

7

Hier sind weitere Mengenangaben. Verbinden Sie.

1. un mètre de	___ **A**	huile *Öl*
2. un paquet de	___ **B**	sucre *Zucker*
3. un litre d'	___ **C**	tissu *Stoff*
4. une livre de	___ **D**	pâtes *Nudeln*

Ist der Preis Ihrer Meinung nach nicht angemessen?
So können Sie es formulieren:

C'est trop cher !	*Es ist zu teuer!*
Ce n'est vraiment pas cher.	*Es ist wirklich nicht teuer. / Es ist günstig.*

9

Wie sagen Sie ...? Kreuzen Sie die passende Aussage an.

1. Ein Kilo Karotten!
- **A** Une livre de carottes !
- **B** Un kilo de carottes !

2. Ich möchte Bananen.
- **A** Je prends des bananes.
- **B** Je voudrais des bananes.

3. Geben Sie mir bitte ein Pfund Champignons!
- **A** Donnez-moi une livre de champignons, s'il vous plaît.
- **B** Donnez-moi un paquet de sucre, s'il vous plaît.

LÖSUNG

6 1. un kilo de poires; **2.** 500g de pommes de terre • **7** 1C; 2D; 3A; 4B •
9 1B; 2B; 3A

62

l'ouest
der Westen

le nord
der Norden

le sud
der Süden

l'est
der Osten

l'hexagone – das Sechseck
(Bezeichnung für Frankreich)

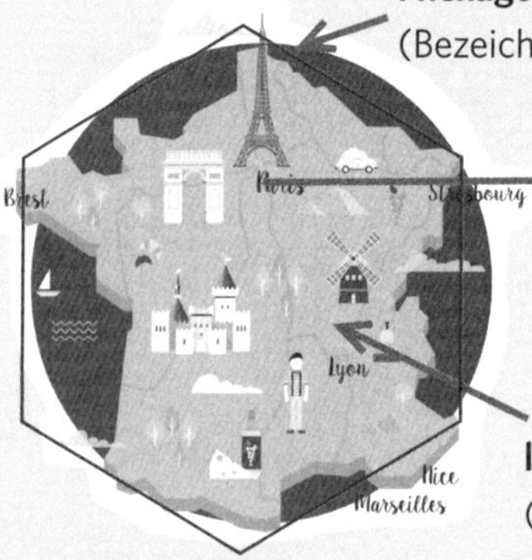

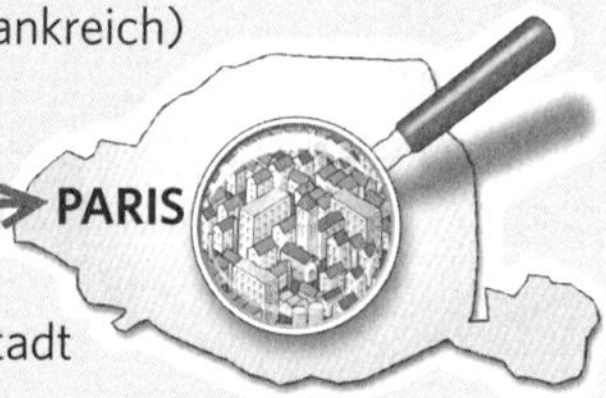

PARIS

la capitale
die Hauptstadt

la province - Provinz
(alles außer Paris)

63

le paysage	die Landschaft
la nature	die Natur
la plage	der Strand
la mer	das Meer
le fleuve, la rivière	der Fluss
la montagne	der Berg, das Gebirge
la plaine	die Ebene
la colline	der Hügel
la campagne	die ländliche Gegend

Pardon, je cherche la rue de Rivoli.
Entschuldigung, ich suche die Rivolistraße.

Où est le musée du Louvre ?
Wo ist das Louvre-Museum?

La Tour Eiffel, c'est par où ?
In welcher Richtung ist der Eiffelturm?

Vous devez tourner à gauche, puis au feu à droite. Ensuite, c'est toujours tout droit.
Sie müssen links abbiegen und dann an der Ampel rechts. Danach geht es immer geradeaus.

TOUTES DIRECTIONS

le vélo	das Fahrrad
le taxi	das Taxi
le train	der Zug
le bus	der Bus
le métro	die U-Bahn
l'avion	das Flugzeug
le bateau	das Schiff

devant	vor
en face de	gegenüber
derrière	hinter
à côté de	neben

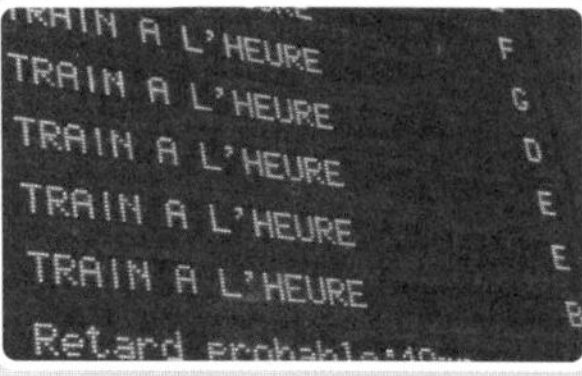

9 Städte

Städtenamen sind im Französischen männlich: **le vieux Lyon** *das alte Lyon*.

Paris ist bekanntlich **la capitale** *die Hauptstadt* Frankreichs mit über elf Millionen Einwohnern. In der zentralistischen Organisation Frankreichs ist Paris das absolute Zentrum, weshalb **la capitale** und **la province**, also alle Regionen außerhalb von Paris, nicht unbedingt gut aufeinander zu sprechen sind. In Paris und Umgebung gibt es drei Weltkulturdenkmäler: die Schlossanlage in Fontainebleau, das Schloss Versailles und die Uferpromenade der Seine. Die Provinz hat aber auch einiges zu bieten: Carcassonne und seine Citadelle, die Kathedrale von Reims oder die Loire mit den zahlreichen Schlössern haben auch ihren Platz auf der UNESCO-Liste!

Hier sehen Sie die Landkarte Frankreichs mit einigen Städten. Tragen Sie die richtigen Buchstaben in die Tabelle ein.

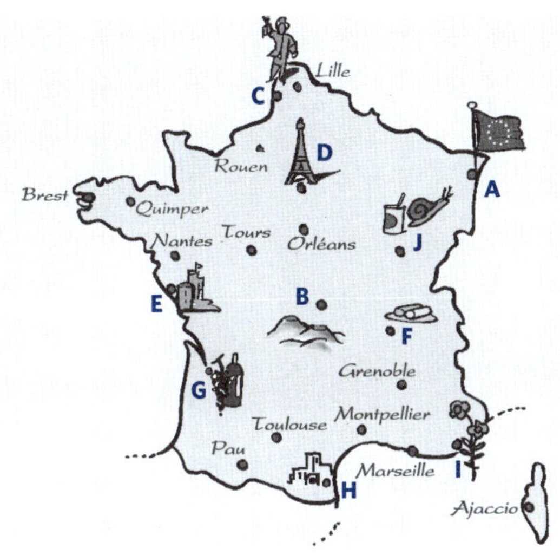

Villes *Städte*	Habitants *Einwohner*	Sur la carte *Auf der Karte*
Paris	2 220 445	___
Lyon	506 615	___
Nice	343 895	___
Strasbourg	276 170	___
Bordeaux	246 586	___
Dijon	153 668	___
Clermont-Ferrand	141 365	___
Perpignan	120 605	___
Dunkerque	89 160	___
La Rochelle	74 998	___

LÖSUNG

2 von oben nach unten: D; F; I; A; G; J; B; H; C; E

3

Finden Sie die passende Stadt. Die Symbole auf der Landkarte auf der vorhergehenden Seite helfen Ihnen bei der korrekten Zuordnung.

1. La ville de la moutarde (*Senf*), c'est ______.
2. ______ est la plus grande ville de province.
3. La ville de ______ est dans le Massif Central.
4. ______ est la ville du vin rouge.
5. La ville olympique de 1968 est ______.
6. Dunkerque est un peu plus petit que ______.

4  **8**

Sehen Sie hier im Überblick, wie man Sachen oder Personen vergleichen kann:

+	**plus**		
=	**aussi**	**+ Adjektiv**	**+ que**
-	**moins**		

Paris est plus grand que Marseille. *Paris ist größer als Marseille.*

Für den Superlativ, sagen Sie:

+++	**le / la / les plus**	
		+ Adjektiv (+ de)
- - -	**le / la / les moins**	

Paris est la plus belle ville du monde. *Paris ist die schönste Stadt der Welt.*

Vergessen Sie nicht, das Adjektiv dabei anzugleichen!

1. Sagen Sie, dass Bordeaux größer ist als Perpignan.

____

2. Sagen Sie, dass Dijon weniger groß ist als Lyon.

____

3. Sagen Sie, dass Paris die größte Stadt Frankreichs ist.

____

  66

Wissen Sie nicht genau, wo sich eine Stadt befindet, dann fragen Sie **Où se trouve... ?** *Wo befindet sich ...?* Als mögliche Antwort, werden Sie hören:

C'est dans le nord.	*Es liegt im Norden.*
C'est au sud de Paris.	*Es liegt südlich von Paris.*
C'est dans l'est de la France.	*Es liegt im Osten Frankreichs.*
C'est à l'ouest.	*Es liegt im Westen.*

LÖSUNG

3 1. Dijon; **2.** Lyon; **3.** Clermont-Ferrand; **4.** Bordeaux; **5.** Grenoble; **6.** La Rochelle •
4 1. Bordeaux est plus grand que Perpignan.; **2.** Dijon est plus petit que Lyon.;
3. Paris est la plus grande ville de France.

10 Auf dem Land

1   

Spricht man über Frankreich, tauchen schnell die Synonyme das „französische Mutterland" oder **l'Hexagone** *das Sechseck* auf. Mit 547.026 km² ist Frankreich flächenmäßig das größte Land der Europäischen Union. Neben Ebenen und Hügellandschaften bietet Frankreich Hochgebirge sowie viele Küsten entlang des Mittelmeers oder des Atlantiks.

le paysage	*die Landschaft*	**la rivière**	*der Fluss*
la nature	*die Natur*	**la montagne**	*der Berg*
la plage	*der Strand*	**la plaine**	*das Tal*
la mer	*das Meer*	**la colline**	*die Hügel*

Für Ihre Urlaubsplanung sollten Sie Bergmassive mit ihren *höchsten Gipfeln,* **les sommets les plus hauts**, kennen:

les Alpes	*die Alpen*	*le Mont-Blanc, 4807 m*
les Pyrénées	*die Pyrenäen*	*le Pic d'Aneto, 3404 m*

Kennen Sie die drei Begriffe für *Flüsse*? **Un ruisseau** fließt eigentlich in **une rivière**, die wiederum in **un fleuve** fließt.

Folgender Dialog soll Ihnen helfen, sich über Ihren Urlaub zu unterhalten.

- **Où passez-vous vos vacances cette année ?**	*Wo macht ihr dieses Jahr Urlaub?*
+ **À la campagne.**	*Auf dem Land.*
- **Et où exactement ?**	*Und wo genau?*
+ **Dans une ferme avec des animaux.**	*Auf einem Bauernhof mit Tieren.*
- **Ah, c'est parfait avec les enfants !**	*Ach, das ist perfekt mit den Kindern.*
+ **Et vous, vous partez en vacances ?**	*Und ihr, fahrt ihr in Urlaub?*
- **Non, nous restons à la maison en ville.**	*Nein, wir bleiben zu Hause in der Stadt.*

Im Dialog haben Sie einige Wendungen kennengelernt, die eine bestimmte Präposition benötigen. Kreuzen Sie das richtige Wörtchen an und prägen Sie sich diese Ausdrücke gut ein!

1. Nous sommes	**A** à	**B** dans	**C** en	la campagne.
2. Vous allez	**A** dans	**B** à	**C** en	ville ?
3. Je reste	**A** dans	**B** à	**C** en	la maison.

LÖSUNG

4 1A; 2C; 3B

Im Dialog sind verschiedene Fragesätze. Es gibt im Französischen drei Möglichkeiten:

1. Intonationsfrage: Die Stimme wird am Ende des Aussagesatzes angehoben.
2. Mit Hilfe von **est-ce que** (oder **est-ce qu'** vor Vokal oder stummem **h**): Die Reihenfolge der Wörter bleibt gleich.
3. Inversionsfrage: ähnlich wie im Deutschen, indem Subjekt und Verb vertauscht werden. Das Pronomen und das Verb werden mit einem Bindestrich verbunden.

Leider sind die folgenden Fragen durcheinandergeraten. Bringen Sie sie in die richtige Reihenfolge.

1. **travailles / tu / où / est-ce que / ?**

   ____

2. **à / vos / -vous / vacances / mer / passez / la /** ? (Inversion)

   ____

3. **à / habitez / campagne / vous / la /** ? (Intonation)

   ____

7

Mithilfe der bereits geübten Vokabeln können Sie die Namen folgender Tiere ableiten. Kreuzen Sie den richtigen Namen an.

1. ☐ **A** le chien ☐ **B** la chambre ☐ **C** la ville
2. ☐ **A** la poire ☐ **B** le menu ☐ **C** le cheval
3. ☐ **A** le légume ☐ **B** le plat ☐ **C** le chat
4. ☐ **A** le cochon ☐ **B** le voisin ☐ **C** la table

Manche Tiernamen können Sie ableiten: **l'éléphant, la girafe, le tigre**. Andere müssen Sie lernen: **le poisson** heißt *der Fisch* und **l'oiseau** *der Vogel*.

8

Nur eine Frage passt. Welche?

1. Wo verbringen Sie Ihren Urlaub?
   - ☐ **A** Où passez-vous vos vacances ?
   - ☐ **B** Où est-ce que vous allez en vacances ?
   - ☐ **C** Vous passez les vacances en France ?

2. Warum nicht?
   - ☐ **A** Pourquoi aujourd'hui ?
   - ☐ **B** Pourquoi pas ?
   - ☐ **C** Pourquoi demain ?

3. Wie geht's dir?
   - ☐ **A** Comment vas-tu ?
   - ☐ **B** Comment tu t'appelles ?
   - ☐ **C** Tu vas où ?

LÖSUNG

6 1. Où est-ce que tu travailles ?; **2.** Passez-vous vos vacances à la mer ?; **3.** Vous habitez à la campagne ? • **7** 1A; 2C; 3C; 4A • **8** 1A; 2B; 3A

11 Wegbeschreibung

Wenn man eine Wanderkarte in Frankreich braucht, sind die **cartes GR** (**Grande Randonnée** *Fernwanderweg*) der verschiedenen Regionen sehr nützlich. Sie enthalten alle Routen mit Aussichtspunkten und *Berghütten* (**gîtes d'étape**) für große Wanderungen.
Haben Sie sich aber mit dem Auto innerhalb einer Ortschaft verfahren, fahren Sie einfach dem Schild **Toutes directions** *alle Richtungen* nach. So kommen Sie auf jeden Fall aus der Stadt heraus.

Am Ziel angekommen, können Sie sich Informationen im **office de tourisme** *Touristinformation* holen.

Est-ce que vous avez un plan de la ville ?	*Haben Sie einen Stadtplan?*
Est-ce que vous avez des informations sur la ville ?	*Haben Sie Informationen über die Stadt?*
Vous savez où se trouve... ?	*Wissen Sie, wo sich ... befindet?*

Oder stehen Sie auf der Straße und wissen nicht mehr weiter? Fragen Sie einen Passanten:

Pardon, je cherche la rue...	*Entschuldigung, ich suche die ...-Straße.*
Où est le musée... ?	*Wo ist das Museum ...?*
C'est par où ?	*In welcher Richtung ist das?*

2 70

Für die Antwort brauchen Sie einige nützliche Verben:

traverser	*überqueren*	**tourner**	*abbiegen*
continuer	*weitergehen, fortfahren*	**partir**	*abfahren, -fliegen, starten, weggehen*
se trouver	*sich befinden*	**sortir**	*ausgehen; herausfahren*

3

Sehen Sie sich die Bilder an und ordnen Sie anschließend die Aussagen den richtigen französischen Entsprechung zu.

à droite

à gauche

tout droit

1. Biege ich an der Kreuzung links ab?	___	**A**	Vous sortez à la prochaine sortie.
2. An der Ampel rechts!	___	**B**	Tu continues tout droit.
3. Sie fahren an der nächsten Ausfahrt raus.	___	**C**	Je tourne au carrefour à gauche ?
4. Du fährst geradeaus weiter.	___	**D**	Au feu, à droite !

LÖSUNG

3 1C; 2D; 3A; 4B

  19 

Die Verben **sortir** (*herausfahren, hinausgehen*) sowie **partir** (*weggehen / -fahren*) werden nach folgendem Muster konjugiert:

je pars	*ich gehe weg*	**nous partons**	*wir gehen weg*
tu pars	*du gehst weg*	**vous partez**	*ihr geht weg / Sie gehen weg*
il / elle part	*er / sie / geht weg*	**ils / elles partent**	*sie gehen weg*

Achtung: Andere Verben mit Endung auf **-ir** wie **finir** *beenden* oder **choisir** *(aus)wählen* haben eine Stammerweiterung im Plural: **nous finissons, vous finissez, ils / elles finissent**. Mehr dazu finden Sie in der Grammatik im Anhang.

Sie können auch Ihren genauen Standpunkt beschreiben. Dafür brauchen Sie weitere Präpositionen des Ortes. Verbinden Sie die französische mit der deutschen Aussage.

1. Pierre attend **devant** la poste.	___ **A** Das Kino ist *neben* dem Museum.
2. La boucherie est **en face du** marché.	___ **B** Die Metzgerei ist *gegenüber* dem Wochenmarkt.
3. Qu'est-ce qu'il y a **derrière** l'église ?	___ **C** Pierre wartet *vor* der Post.
4. Le cinéma est **à côté du** musée.	___ **D** Was ist *hinter* der Kirche?

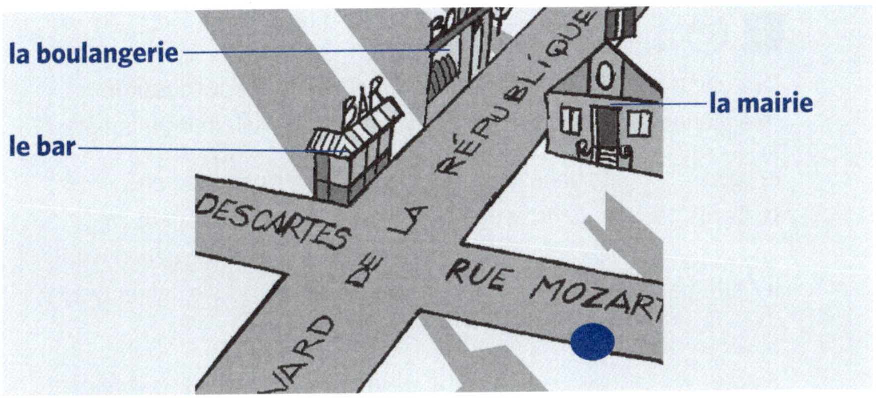

6 73

Sie befinden sich am markierten Standort in der Rue Mozart. Lesen Sie die Fragen und kreuzen Sie die richtige Wegbeschreibung an.

1. Où est la rue Descartes ?
- **A** C'est la prochaine à droite.
- **B** C'est à gauche.
- **C** C'est la rue en face.

2. Où se trouve la boulangerie ?
- **A** Sur le Boulevard de la République.
- **B** C'est la prochaine rue à gauche.
- **C** C'est à côté de la mairie.

3. C'est par où le bar ?
- **A** Il est dans la prochaine rue à gauche.
- **B** C'est tout droit.
- **C** Il est au carrefour.

4. Je cherche la mairie, c'est où ?
- **A** C'est au carrefour à gauche.
- **B** C'est en face de la boulangerie.
- **C** C'est dans la rue Mozart.

LÖSUNG

5 1C;2B; 3D; 4A • **6** 1C; 2A; 3C; 4B

12 Reise und Verkehr

Wer mit dem Auto nach Frankreich reist, sollte wissen, dass man für die Autobahnen an den **péages** *Mautstellen* bezahlen muss und dass man auf sehr viele **rond-points** *Kreisverkehr* stoßen wird! Als Alternative bietet sich das sehr gut ausgebaute Verkehrsnetz der französischen Bahngesellschaft **SNCF** mit ihrem Hochgeschwindigkeitszug **TGV** (**Train à Grande Vitesse** *Hochgeschwindigkeitszug*) an. Mit dem Flugzeug werden Sie auf einem der 475 französischen **aéroports** *Flughäfen* landen, der größte ist Paris-Charles de Gaulle.

Zunächst sollten Sie sich mit der Uhrzeit vertraut machen, um Ihr Transportmittel nicht zu verpassen. Verbinden Sie die deutschen Begriffe mit den französischen Entsprechungen.

1. la minute	___	**A**	Entschuldigung, haben Sie die Uhrzeit?
2. l'heure	___	**B**	die Minute
3. la seconde	___	**C**	Um wie viel Uhr?
4. À quelle heure ?	___	**D**	die Stunde
5. À 10 heures.	___	**E**	Wie viel Uhr ist es?
6. Quelle heure est-il ?	___	**F**	Um 10 Uhr.
7. Vous avez l'heure, s'il vous plaît ?	___	**G**	die Sekunde

Können Sie aus der vorigen Übung erschließen, wie die zwei Möglichkeiten, nach der Uhrzeit zu fragen, lauten?

1. ______________________

2. ______________________

Mitternacht heißt **minuit** und *Mittag* **midi**.

Auf Fahrplänen steht die genaue Uhrzeit. Wie im Deutschen sagt man z. B. **Il est 16h43**. Wenn man nicht so genau sein will, gibt man nur die volle, halbe oder Viertelstunde an. Schreiben Sie unter den Bildern die genauen Uhrzeiten dazu.

1. Il est une heure de l'après-midi. ____________

2. Il est cinq heures et quart. ____________

3. Il est six heures et demie. ____________

4. Il est huit heures moins le quart. ____________

LÖSUNG

2 1B; 2D; 3G; 4C; 5F; 6E; 7A • **3 1.** Quelle heure est-il ?; **2.** Vous avez l'heure, s'il vous plaît ? • **4 1.** 13h00; **2.** 5h15 / 17h15; **3.** 6h30 / 18h30; **4.** 7h45 / 19h45

12 Reise und Verkehr

Folgender Dialog zeigt Ihnen, wie Sie *am Bahnhof*, **à la gare**, eine Fahrkarte kaufen können.

– **Bonjour, je voudrais un billet pour Lyon.**	*Guten Tag, ich möchte eine Fahrkarte nach Lyon.*
+ **Première ou deuxième classe ?**	*Erste oder zweite Klasse?*
– **Deuxième classe.**	*Zweite Klasse.*
+ **Fumeur ou non-fumeur ?**	*Raucher oder Nichtraucher?*

Übrigens, welches Verkehrsmittel möchten Sie denn nutzen?

le train	*der Zug*	**le vélo**	*das Fahrrad*
l'avion, m	*das Flugzeug*	**le métro**	*die U-Bahn*
le bus	*der Bus*	**le tram(way)**	*die Straßenbahn*
le bateau	*das Schiff*	**le taxi**	*das Taxi*

Wollen Sie *mit dem Zug fahren*, dann sagen Sie **aller en train**, oder lieber *fliegen*, dann **aller en avion**. **Aller** wird für alle Verkehrsmittel verwendet, egal ob man geht, fährt oder fliegt!

Hier sind die unregelmäßigen Formen von **aller** im Überblick:

je vais	**nous allons**
tu vas	**vous allez**
il / elle va	**ils / elles vont**

> Man kann auch **prendre l'avion, le train** ... sagen.

Jetzt sind Sie dran! Ergänzen Sie die Sätze mit dem passenden Ausdruck wie im Beispiel.

1. Je **vais en vélo** en ville.

2. Ils ______________________ à la gare.

3. Nous ______________________ en vacances.

4. Tu ______________________ au cinéma ?

§ 23

Mit dem Verb **aller** können Sie auch ein Ereignis in unmittelbarer Zukunft sowie ein Vorhaben oder eine Absicht ausdrücken. Dafür brauchen Sie die Präsensformen von **aller** und den Infinitiv des Hauptverbs: **Je vais prendre le métro.** *Ich fahre gleich mit der U-Bahn.*

Setzen Sie nun die Aussagen in die unmittelbare Zukunft.

1. Nous ______________ l'avion dans dix minutes. (prendre)
2. Mon train ______________ à 21h18. (arriver)
3. Je ______________ en vélo. (partir)

LÖSUNG

7 2. vont en voiture.; **3.** allons en avion; **4.** vas en bus • **8 1.** allons prendre; **2.** va arriver; **3.** vais partir

Nous cherchons une chambre double pour trois nuits.
Wir suchen ein Doppelzimmer für drei Nächte.

Attendez... J'ai encore une chambre de libre avec vue sur la plage.
Moment ... Ich habe noch ein freies Zimmer mit Strandblick.

Parfait. Combien coûte la chambre ?
Perfekt. Was kostet das Zimmer?

C'est 60 euros la nuit, petit-déjeuner compris.
60 Euro pro Nacht inklusive Frühstück.

Vous acceptez les cartes de crédit ?
Nehmen Sie Kreditkarten?

Oui, bien sûr.
Ja, natürlich.

Parfait ! Merci beaucoup !
Perfekt! Vielen Dank!

80

le grand lit	das Doppelbett
l'oreiller	das Kopfkissen
la serviette	das Handtuch
la douche	die Dusche
le lavabo	das Waschbecken
les clés	die Schlüssel
la télévision	der Fernseher

81

les bagages	das Gepäck
la valise	der Koffer
le sac à dos	der Rucksack
le voyage	die Reise
les vacances	die Ferien
visiter	besichtigen

82

l'Italie	Italien
la Suisse	die Schweiz
la Suède	Schweden
le Portugal	Portugal
la France	Frankreich
l'Autriche	Österreich
l'Espagne	Spanien
l'Allemagne	Deutschland
la Grande-Bretagne	Großbritannien
les Pays-Bas	die Niederlande

13 Unterkunft

Übernachten in Frankreich: Es gibt natürlich Hotels und Campingplätze, aber auch die **chambres d'hôtes** *Gästezimmer*, welche es ermöglichen, die Einheimischen, ihre Kultur, Küche und Sprache kennenzulernen. Wenn man wandert, kann man in so genannten **gîtes d'étape** übernachten. Möchte man ein Haus mieten, sind Organisationen wie **gîtes de France** sehr hilfreich.

Hier sind ein paar Vokabeln zum Auftakt:

l'hôtel, m	*das Hotel*	**la tente**	*das Zelt*
la chambre d'hôtel	*das Hotelzimmer*	**la caravane**	*der Wohnwagen*
la chambre d'hôte	*das Fremdenzimmer*	**le camping-car**	*das Wohnmobil*
le gîte (d'étape)	*die (Wander-) Hütte*	**le camping**	*der Campingplatz*
la location	*die Vermietung*	**la réservation**	*die Reservierung*

Ein *Einzelzimmer* ist **une chambre individuelle** und ein *Doppelzimmer* **une chambre double**.

  84

So könnten Sie ein Zimmer an der Hotelrezeption reservieren.

– Nous cherchons une chambre double pour trois nuits.	*Wir suchen ein Doppelzimmer für drei Nächte.*
+ Attendez... J'ai encore une chambre de libre avec vue sur la plage.	*Warten Sie ... Ich habe noch ein Zimmer frei mit Blick auf den Strand.*
– Parfait ! Combien coûte la chambre ?	*Perfekt! Was kostet das Zimmer?*
+ C'est 60 euros la nuit, petit-déjeuner compris.	*Es kostet 60 Euro pro Nacht, mit Frühstück.*
– À quelle heure est le petit-déjeuner ?	*Um wie viel Uhr ist das Frühstück?*
+ Entre 7h et 10h30.	*Zwischen 7 Uhr und 10 Uhr 30.*
– Vous acceptez les cartes de crédit ?	*Nehmen Sie Kreditkarten?*

3 85

Hier sind nützliche Sätze für eine Reservierung. Ergänzen Sie die Lücken mit wichtigen Vokabeln aus dem Dialog.

1. Est-ce que le ________________ est compris dans le prix ?

2. Combien ________________ la chambre ?

3. Vous acceptez les ________________ ?

LÖSUNG

3 1. le petit-déjeuner; **2.** coûte; **3.** cartes de crédit

In französischen Hotels werden Sie nur französische Betten finden, d.h. 1,40 m Breite für ein Doppelbett! Möchten Sie getrennte Betten, fragen Sie nach **lits jumeaux**. Federbetten sind selten vorhanden, zum Zudecken hat man eine Decke mit Laken. Sehr oft liegt unter dem Kissen eine „Nackenrolle“. Man nennt sie **le traversin**. Denken Sie daran, französische Standards entsprechen nicht immer den deutschen!

Der erste Eindruck zählt! Wollen Sie auf etwas hinweisen, brauchen Sie zuerst die Demonstrativpronomen.

	Maskulinum	Femininum
Singular	**ce camping** *dieser Campingplatz*	**cette maison** *dieses Haus*
Plural	**ces clés** *diese Schlüssel*	

Vorsicht! Vor Vokal oder stummem **h** wird **ce** zu **cet**. Bei der Aussprache werden dann die Wörter verbunden und **cet** wird wie **cette** ausgesprochen: **cet immeuble** *dieses Gebäude*.

Drücken Sie Ihr Erstaunen und vielleicht auch Ihr Entsetzen aus. Kreuzen Sie das passende Pronomen an.

1. Je ne veux pas ☐ **A** cet ☐ **B** cette chambre ! Elle est sale.

2. ☐ **A** Cet ☐ **B** Ce lit est trop petit ! Nous voulons un lit plus grand.

3. ☐ **A** Cette ☐ **B** Cet location est trop chère !

4. ☐ **A** Cet ☐ **B** Ce hôtel est super ! J’adore la vue sur la plage.

5

Zur Zimmerausstattung gehören viele Gegenstände. Tragen Sie den passenden Buchstaben in die Lücke ein. Sollten Sie nicht alle Begriffe kennen, sehen Sie im Glossar nach:

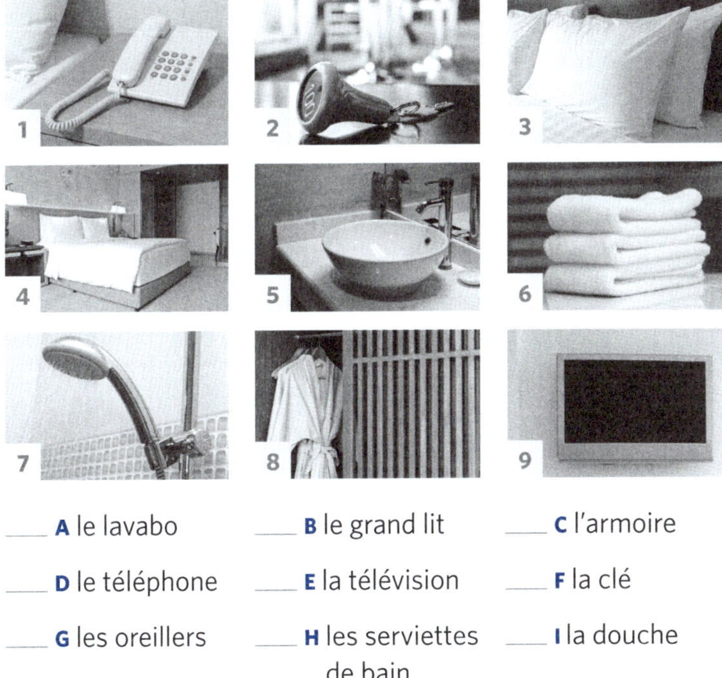

___ **A** le lavabo

___ **B** le grand lit

___ **C** l'armoire

___ **D** le téléphone

___ **E** la télévision

___ **F** la clé

___ **G** les oreillers

___ **H** les serviettes de bain

___ **I** la douche

LÖSUNG

4 1B; 2B; 3A; 4A • **5** 1D; 2F; 3G; 4B; 5A; 6H; 7I; 8C; 9E

14 Ferien

Die Inseln an der Küste Frankreichs sind ein wirklicher Insidertipp. Im Norden liegen die Kanalinseln, die zu Großbritannien gehören, und im Nord-Westen liegen **l'île d'Ouessant** und **l'île de Sein**. Im Westen, im Atlantischen Ozean, liegen **Belle-Île**, **l'île d'Yeu** sowie die bekannten **île de Noirmoutier**, **île de Ré** und **île d'Oléron**, die durch eine Brücke mit dem Festland verbunden ist.
Im Mittelmeer befindet sich neben den **îles d'Hyères** die größte in Europa liegende Insel Frankreichs **la Corse** *Korsika*, die man mit *der Fähre* **le ferry(-boat)** erreichen kann.

Der Dialog zeigt Ihnen, wie man vom Urlaub erzählen kann. Sie können den Dialog mitlesen oder an hören.

- **Alors, les vacances dans le Sud ?**	*Und deine Ferien in Südfrankreich?*
+ **On a eu de la chance : le temps a été magnifique toute la semaine.**	*Wir hatten Glück: Das Wetter war die ganze Woche wunderschön.*
- **Vous avez visité les îles d'Hyères ?**	*Habt ihr die Hyères-Inseln besichtigt?*
+ **Oui, c'est très joli !**	*Ja, es ist sehr hübsch!*
- **Vous avez été à la plage ?**	*Wart ihr am Strand?*
+ **Bien sûr ! On a passé aussi beaucoup de temps sur la plage.**	*Na klar! Wir haben auch viel Zeit am Strand verbracht.*

2 § 21 87

Im Dialog haben Sie eine neue Zeit kennengelernt. Es handelt sich um das Passé composé, eine zusammengesetzte Zeit der Vergangenheit. Es wird meistens mit dem Hilfsverb **avoir** *haben* im Präsens und dem Participe passé gebildet.

j'ai visité	*ich habe besichtigt*	**nous avons visité**	*wir haben besichtigt*
tu as visité	*du hast besichtigt*	**vous avez visité**	*ihr habt / Sie haben besichtigt*
il / elle a visité	*er / sie hat besichtigt*	**ils / elles ont visité**	*sie haben besichtigt*

Bei der Bildung des Participe passé wird die Infinitivendung ersetzt: Verben auf **-er** → **-é**, Verben auf **-ir** → **-i** und einige Verben auf **-dre** → **-du**.

Versuchen Sie nun, die Verben im Präsens mit ihrer Entsprechung im Passé composé zu verbinden.

1. je regarde ___ **A** tu as été

2. il attend ___ **B** on a choisi

3. tu es ___ **C** nous avons eu

4. nous avons ___ **D** il a attendu

5. on choisit ___ **E** j'ai regardé

> **Visiter** bedeutet *etwas besichtigen / besuchen* (Land, Schloss ...). Wenn man jemanden *besucht*, sagt man **rendre visite à** oder **aller voir.**

LÖSUNG

2 1E; 2D; 3A; 4C; 5B

  21  

Allerdings wird das Passé composé der Verben der Bewegungsrichtung oder des Verweilens (**aller, arriver, partir, sortir, descendre, venir**) und der Reflexivverben (**se lever**) mit dem Hilfsverb **être** *sein* gebildet. Dabei wird das Participe passé dem Subjekt des Satzes in Geschlecht und Zahl angeglichen, wie ein Adjektiv:
Il est allé. → **Elle est allée.** *Er / Sie ist gegangen.*

Ergänzen Sie nun, sofern nötig, bei den Partizipien die richtige Endung. In Klammern steht, wer spricht.

1. Je suis allé___ souvent à la plage. (Muriel)	*Ich bin oft zum Strand gegangen.*
2. Nous sommes allé___ nous promener. (Marie et Laure)	*Wir sind spazieren gegangen.*
3. Je suis sorti___ en boîte. (Luc)	*Ich bin in die Disko gegangen.*

Sie hatten sicherlich Gepäck dabei. Kreuzen Sie das zum Bild passende Gepäckstück an.

1

J'ai préparé
- **A** les bagages.
- **B** les courses.

2

Elle a
- **A** un dessert.
- **B** une valise.

3

Tu emmènes
- **A** un sac à dos ?
- **B** une carte ?

5

Eine Antwort passt nicht zur Frage. Kreuzen Sie diese an. Achten Sie dabei auch auf die Zeiten der Verben.

1. Tu viens ?
- **A** Oui, je suis venu.
- **B** J'arrive!
- **C** Oui !

2. Où êtes-vous allés ?
- **A** Je vais aller à la plage.
- **B** J'ai été sur la plage.
- **C** Je suis allée en boîte.

3. Ils vont partir en vacances ?
- **A** Oui, samedi.
- **B** Non, ils ne partent pas.
- **C** Non, en voiture.

4. Tu as préparé tes bagages ?
- **A** Non, je vais partir.
- **B** Oui, j'ai déjà tout préparé.
- **C** Oui, je prépare un voyage.

6

Lesen Sie nun die Sätze zum Thema Urlaub. Wandeln Sie die Präsensform in Passé composé um, oder umgekehrt das Passé composé in eine Präsensform.

1. Nous **avons visité** l'île de Ré.

2. Elle **va** en vacances à La Réunion.

3. Ils **louent** un petit appartement.

4. Nous **attendons** longtemps le ferry.

Die größten Inseln Frankreichs in Übersee sind **Martinique**, **Guadeloupe** und **La Réunion**. Sie sind die so genannten **DOM**, **départements d'outremer** *Überseedepartements.*

LÖSUNG

3 1. allée; **2.** allées; **3.** sorti • **4** 1A; 2B; 3A • **5** 1A; 2A; 3C; 4A • **6 1.** visitons; **2.** est allée; **3.** ont loué; **4.** avons attendu

15 Eine Reise planen

Wollen Sie in ein französischsprachiges Urlaubsland fahren? Dann gibt es viele Möglichkeiten. Französisch gilt als Weltsprache, da es von weit über 100 Millionen Sprechern in über 50 Ländern weltweit gesprochen wird. Nicht nur in Frankreich ist Französisch offizielle Sprache sondern auch in Kanada, der Schweiz, Belgien, Haïti und zahlreichen Ländern in West- und Zentralafrika. Außerdem ist Französisch Amtssprache in vielen Organisationen (EU, UNO usw.). **Bon voyage !** *Gute Reise!*

Verbinden Sie nun ein Land mit der passenden Nationalität. Abgesehen von wenigen Ausnahmen sind die Ländernamen im Französischen weiblich.

1. l'Italie (f)	___ **A** Allemand(e)
2. la Suède	___ **B** Suisse
3. la Suisse	___ **C** Français(e)
4. le Portugal	___ **D** Italien(ne)
5. les Pays-Bas	___ **E** Anglais(e)
6. la France	___ **F** Suédois(e)
7. l'Autriche (f)	___ **G** Espagnol(e)
8. l'Espagne (f)	___ **H** Hollandais(e)
9. la Grande Bretagne	___ **I** Autrichien(ne)
10. l'Allemagne (f)	___ **J** Portugais(e)

Im Ausland werden Sie oft hören oder selbst fragen: **Vous venez d'où ?** *Woher kommen Sie?* Hier sind zuerst die Formen von **venir** *kommen* im Präsens.

je viens	*ich komme*	**nous venons**	*wir kommen*
tu viens	*du kommst*	**vous venez**	*ihr kommt / Sie kommen*
il / elle vient	*er / sie kommt*	**ils / elles viennent**	*sie kommen*

Es gibt zwei Möglichkeiten, seine Herkunft auszudrücken. Wie lauten sie?

1. ____________________ **2.** ____________________

Mit **venir de / d'** drücken Sie übrigens nicht nur die Herkunft aus, sondern mit einem Verb auch das, was Sie gerade gemacht haben: **Je viens d'arriver.** *Ich bin gerade angekommen.*

LÖSUNG

1 1D; 2F; 3B; 4J; 5H; 6C; 7I; 8G; 9E; 10A • **2** **1.** venez; **2.** viens • **3** **1.** Je suis de...; **2.** Je viens de...

Nur eine Antwort passt. Welche? Kreuzen Sie an.

1. Vous êtes d'où ?
- **A** Je viens d'Italie.
- **B** Je vais en France.

2. Il vient de partir en voyage ?
- **A** Oui, il a été à Paris.
- **B** Oui, il est d'Espagne.

3. Tu viens quand ?
- **A** Je viens dans une heure.
- **B** Je viens de Suède.

4. Comment vient-elle ?
- **A** Elle vient de partir.
- **B** Elle vient en métro.

Hier sehen Sie ein paar Fragen, die im *Reisebüro* (**l'agence de voyage**) oder im Hotel üblich sind.

Vous arrivez demain matin ?	*Reisen Sie morgen früh an?*
Vous partez ce soir ?	*Reisen Sie heute Abend ab?*

Achten Sie darauf, dass man für *heute Vormittag*, *heute Abend* oder *heute Nachmittag* die Demonstrativpronomen verwendet: **ce matin**, **ce soir** und **cet après-midi**.

Wenn Sie genauere Angaben machen wollen, brauchen Sie dafür die Wochentage.

lundi	*Montag*	**vendredi**	*Freitag*
mardi	*Dienstag*	**samedi**	*Samstag*
mercredi	*Mittwoch*	**dimanche**	*Sonntag*
jeudi	*Donnerstag*	**le week-end**	*das Wochenende*

7  29  93

Bei der Datumsangabe wird im Französischen nur beim Ersten des Monats die Ordnungszahl benutzt: **le 1er (premier)** *am Ersten*.

Nous sommes le combien ?	*Den Wievielten haben wir?*
Nous sommes le 14 décembre 2021.	*Wir haben den 14. Dezember 2021.*
Aujourd'hui, c'est dimanche.	*Heute ist Sonntag.*

Vorsicht! Datumsangaben werden mit **être** eingeführt:
Nous sommes le 14. *Wir haben den 14.*

8

Schreiben Sie das Datum unter die Kalenderblätter wie im Beispiel. Alle Monate finden Sie im Anhang.

1. 14/02.

3. ______

2. ______

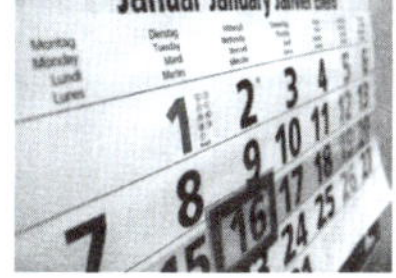

4. ______

LÖSUNG

4 1A; 2A; 3A; 4B • **8** **2.** 21/12.; **3.** 13/03.; **4.** 16/01.

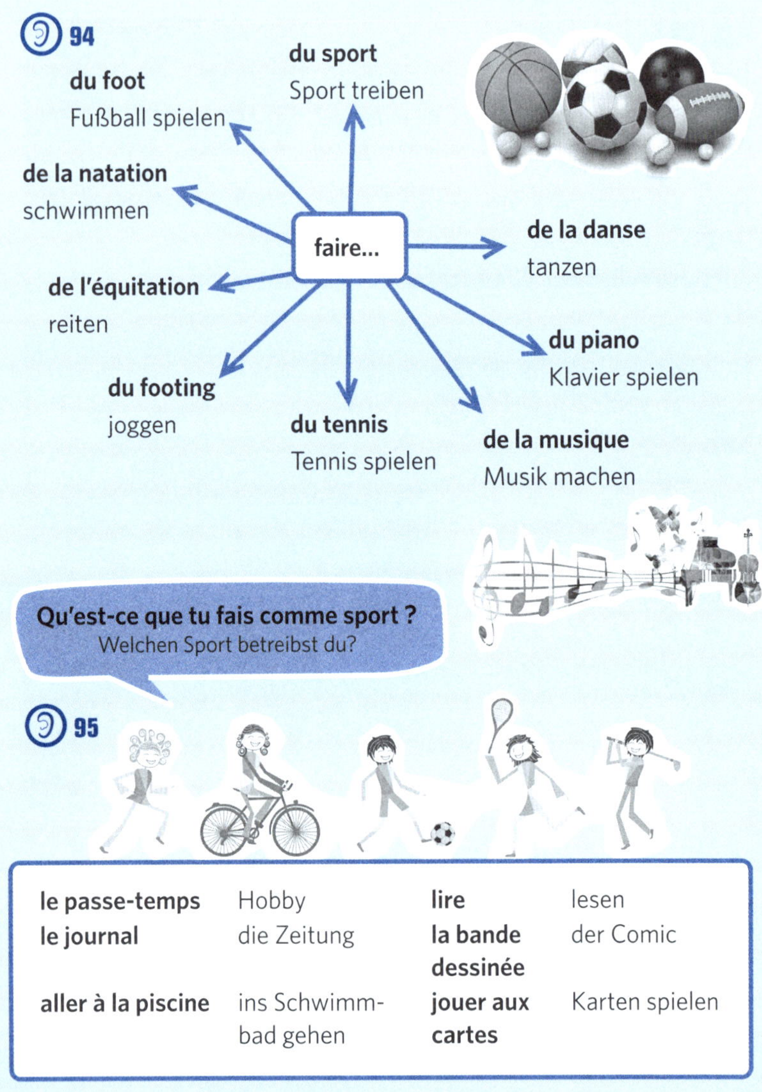

le passe-temps	Hobby	**lire**	lesen
le journal	die Zeitung	**la bande dessinée**	der Comic
aller à la piscine	ins Schwimmbad gehen	**jouer aux cartes**	Karten spielen

 96

On va à la prochaine séance de cinéma ?
Sollen wir in die nächste Kinovorstellung gehen?

Ah, non, je ne peux pas, je vais à un spectacle.
Nein, ich kann nicht, ich gehe zu einer Show.

Tu aimes le chanteur Cali ?
Magst du den Sänger Cali?

Le concert est sûrement bien, mais je préfère le rock...
Das Konzert ist sicher gut, aber ich mag lieber Rock.

Vous venez avec nous au théâtre ?
Kommt ihr mit uns ins Theater?

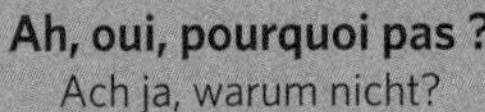

Ah, oui, pourquoi pas ?
Ach ja, warum nicht?

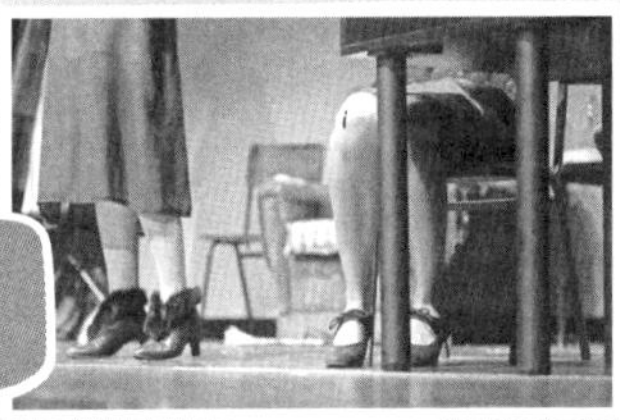

Rendez-vous au café du musée ?
Sollen wir uns im Café des Museums treffen?

C'est une bonne idée !
Das ist eine gute Idee.

16 Freizeit

In dieser Lektion geht es um eine von den Franzosen und Belgiern sehr geschätzte Beschäftigung : **la bande dessinée** (oder **la BD**) *Comics*. Nicht nur **Astérix et Obélix** oder **Tintin et Milou** *Tim und Struppi*, sondern auch andere Comics werden von Kindern und Erwachsenen gerne gelesen. In Angoulême findet jedes Jahr der **Salon de la bande dessinée**, eine *Comic-Messe* statt.

In Brüssel können Sie auch ein Comic-Museum besuchen!

Lesen Sie die Aussagen über Freizeitaktivitäten und tragen Sie unter den Bildern auf der nächsten Seite die Zahl des passenden Satzes ein.

1. Ils sont à la piscine.

2. Nous allons souvent au restaurant.

3. Je lis le journal.

4. Elle fait du footing.

Lesen heißt **lire** auf Französisch: **je lis, tu lis, il / elle lit, nous lisons, vous lisez, ils / elles lisent**.

3 98

Viele Freizeitaktivitäten werden mithilfe des Verbs **faire** *machen, tun* ausgedrückt. **Faire** wird im Französischen sehr oft verwendet! Außerdem stammen viele Sportarten aus dem Englischen.

1998 und 2000 war Frankreich durch den Gewinn der Welt- und Europameisterschaft **die** Fußballnation schlechthin.

Verbinden Sie die französischen Sätze mit der passenden Freizeitaktivität. Sie werden viel ableiten können.

1. Je fais du footing. ___ **A** Fußball spielen

2. Tu fais de la natation ? ___ **B** Tennis spielen

3. Alain et Paul font du tennis. ___ **C** joggen

4. Lola fait du foot. ___ **D** schwimmen

5. Nous faisons de la musique. ___ **E** Klavier spielen

6. J'aime faire du piano. ___ **F** tanzen

7. Vous faites de la danse ? ___ **G** Musik spielen

LÖSUNG

2 2; 1; 3; 4 • **3** 1C; 2D; 3B; 4A; 5G; 6E; 7F

4  19  99

Ergänzen Sie anhand der vorigen Übung die Lücken mit der richtigen Form von **faire** *machen, tun*.

je	______	**nous**	______
tu	______	**vous**	______
il / elle	______	**ils / elle**	______

  100

Lesen Sie den Dialog über Sport und Freizeit.

- **Qu'est-ce que tu fais comme sport ?**	*Was machst du für Sport?*
+ **Moi, je fais de l'équitation et du tennis. Et toi ?**	*Ich reite und spiele Tennis. Und du?*
- **Moi, je ne suis pas sportif du tout.**	*Ich bin überhaupt nicht sportlich.*
+ **Mais tu as quand même un passe-temps ?**	*Aber du hast trotzdem eine Freizeitbeschäftigung?*
- **Oui ! Je joue du piano et j'adore les jeux de cartes.**	*Ja! Ich spiele Klavier und ich liebe Kartenspiele!*

Es gibt zwei Möglichkeiten auszudrücken, dass Sie ein Musikinstrument spielen. Sie können sagen:

Je joue de la musique. oder
Je fais de la musique.

7 § 3

Kennen Sie nun die Regel? Welcher Artikel passt?

1. faire + ________________ + Sport / Musikinstrument

2. jouer + ________________ + Musikinstrument

3. jouer + ________________ + Sport / Spiel

8

Ergänzen Sie die Aussagen mit den richtigen Musikinstrumenten:

A violon ▪ **B** guitare ▪ **C** batterie ▪ **D** flûte

1. Cécile joue de la

________________.

2. Lucie a une

________________.

3. Léo fait du

________________.

4. Laurent joue de la

________________.

LÖSUNG

4 fais, fais, fait, faisons, faites, font ▪ **7 1.** du / de la / de l' / des
2. du / de la / de l' / des **3.** au / à la / à l' / aux ▪ **8 1.** B; **2.** D; **3.** A; **4.** C

17 Kultur und Unterhaltung

Während der Sommermonate finden in Frankreich zahlreiche Musikfestivals statt. Ob Klassik, Rock, Chanson oder Jazz – alle Musikrichtungen sind vertreten. Bekannt für ihre Festivals sind unter anderem die Städte Orange (**opéra** *Oper*), Bourges oder La Rochelle (**chanson**), Antibes-Juan-les-Pins und Marciac (**jazz**), Lorient (**folk**).
Zum Sommeranfang, am 21. Juni, feiert man in ganz Frankreich die **Fête de la musique**. Es wird auf den Straßen, in Cafés und Konzertsälen musiziert; meist wird kostenlos gespielt. Dieses Nationalmusikfest wurde 1982 von Jack Lang, dem damaligen Kultusminister, ins Leben gerufen.

Lesen Sie den Dialog oder hören Sie ihn an.

– **On va à la prochaine séance de cinéma ?**	*Gehen wir in die nächste Kinovorstellung?*
+ **Ah non, je ne peux pas, je vais à un spectacle.**	*Ach nein, ich kann nicht, ich gehe zu einer Veranstaltung.*
– **Qu'est-ce que tu vas voir exactement ?**	*Was siehst du dir genau an?*
+ **Le concert du chanteur Cali. Tu aimes ?**	*Das Konzert des Sängers Cali. Magst du (ihn)?*
– **Le concert est sûrement bien, mais je préfère le rock.**	*Das Konzert ist bestimmt gut, aber ich mag lieber Rockmusik.*
+ **Moi, j'aime bien la chanson française.**	*Und ich mag gerne französische Chansons.*

2 

Im Dialog haben Sie die Wörter **exactement** *genau* und **sûrement** *bestimmt* gelernt. Es sind Adverbien. Sie sind wie im Deutschen unveränderlich. Viele von ihnen kann man von Adjektiven ableiten, indem man an die Femininform die Endung **-ment** anhängt: **sûr → sûre → sûrement**.

Wie lautet das Adverb?

1. **lent** *langsam* → ______
2. **probable** *wahrscheinlich* → ______

Wo gibt es was zu sehen? Kreuzen Sie den richtigen Ort an.

1

2

3

4

1.	☐ **A** le théâtre	☐ **B** le restaurant	☐ **C** la montagne
2.	☐ **A** le passeport	☐ **B** le musée	☐ **C** la ville
3.	☐ **A** la France	☐ **B** le cinéma	☐ **C** le marché
4.	☐ **A** le café	☐ **B** la gare	☐ **C** le concert

LÖSUNG

2 1. lentement; **2.** probablement • **3** 1A; 2B; 3B; 4C

In Frankreich sind auch andere Festivals sehr bekannt. Das berühmte Filmfestival von Cannes zieht jedes Jahr Filmstars aus aller Welt an. Sehenswert ist auch das Theaterfestival in Avignon. Vor der malerischen Kulisse des Papstpalastes finden hier zahlreiche Aufführungen statt.
Sind Sie kein Fan von Festivals, dann lohnt sich ein Abstecher zur **Opéra de Paris**. Dort finden nicht nur Opern-, sondern auch Ballettaufführungen des berühmten Choreograf Maurice Béjart (1927-2007) statt. Wenn Sie die Bildende Kunst vorziehen, dann haben Sie in Paris eines der berühmtesten Museen der Welt: **Le Louvre** mit seiner Glaspyramide.

Verbinden Sie die französischen und die deutschen Ortsangaben.

1. à un concert	___ **A** ins / im Kino
2. au cinéma	___ **B** in / im Urlaub
3. dans la rue	___ **C** nach / in Paris
4. en vacances	___ **D** nach / in Frankreich
5. en France	___ **E** auf die / der Straße
6. à Paris	___ **F** zu / bei Clara
7. chez Clara	___ **G** auf ein / einem Konzert

In Paris befindet sich auch **l'Opéra Bastille,** die 1989 eröffnet hat. Sie bietet Platz für ca. 2700 Zuschauer. Die Bühne im Großen Saal erstreckt sich über 80 m!

5

Lesen Sie die Fragen und kreuzen Sie die passende Antwort an.

1. Comment as-tu trouvé le spectacle ?

- ☐ **A** Très bien.
- ☐ **B** Samedi.
- ☐ **C** Sûrement.

2. Rendez-vous au café du théâtre ?

- ☐ **A** C'est une bonne idée après la pièce.
- ☐ **B** Où est le restaurant ?
- ☐ **C** Au théâtre ? D'accord !

3. Vous venez avec nous au théâtre ?

- ☐ **A** Oui merci.
- ☐ **B** Pourquoi pas ?
- ☐ **C** Oui, on va au concert.

4. Vous aimez les ballets de Béjart ?

- ☐ **A** Non, je n'aime pas aller au théâtre.
- ☐ **B** Pourquoi pas ?
- ☐ **C** Oui, beaucoup.

LÖSUNG

4 1G; 2A; 3E; 4B; 5D; 6C; 7F • **5** 1A; 2A; 3B; 4C

MITREDEN!

102

le climat	das Klima
l'écologie	die Ökologie
protéger l'environnement	die Umwelt schützen
la pollution	die Verschmutzung

103

le temps	das Wetter		
Il fait soleil.	Die Sonne scheint.	**Il pleut.**	Es regnet.
Il fait beau.	Das Wetter ist schön.	**Il neige.**	Es schneit.
Il fait chaud/ froid.	Es ist warm/kalt.	**Il y a du vent.**	Es ist windig.
Il y a de l'orage.	Es gewittert.	**C'est nuageux.**	Es ist wolkig.

Vous faites quelle taille ?
Welche Größe haben Sie?

Je peux essayer le pantalon ? Où sonst les cabines d'essayage ?
Ich würde gerne die Hose anprobieren. Wo sind die Umkleidekabinen?

104

les vêtements	die Kleidung
la chemise	das Hemd
le pantalon	die Hose
la jupe	der Rock
le t-shirt	das Shirt
le pull	der Pullover
la robe	das Kleid

105

rouge	rot	**marron**	braun
jaune	gelb	**blanc**	weiß
vert	grün	**noir**	schwarz
bleu	blau	**gris**	grau
foncé	dunkel	**clair**	hell

Vous louez la maison ?
Vermieten Sie das Haus?

Comment trouvez-vous l'appartement ?
Wie finden Sie die Wohnung?

l'appartement	die Wohnung
la maison	das Haus
la pièce	das Zimmer
le rez-de-chaussée	das Erdgeschoss
l'étage	die Etage
la cuisine	die Küche
la chambre	das Schlafzimmer
le salon	das Wohnzimmer
le bureau	das Arbeitszimmer
la salle de bains	das Badezimmer
les toilettes	die Toilette
le jardin	der Garten

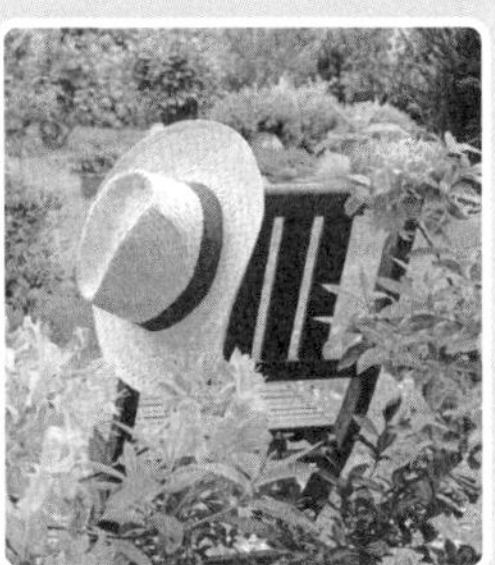

18 Wetter und Umweltschutz

Das Klima in Frankreich ist südlich und nördlich der **Loire** sehr unterschiedlich. Während das Wetter im Süden für seine sonnigen und heißen Sommer bekannt ist, ähnelt es im Norden eher dem Wetter Nordeuropas. Man kann aber nicht über das Klima reden, ohne seine derzeitige Entwicklung zu erwähnen. Dies wird seit den neunziger Jahren von dem Fotografen, Journalist und Umweltschützer Yann Arthus-Bertrand in Foto-Reihen und Filmen (**Vu du ciel** *Die Erde von oben* und **Home**) dokumentiert.

Stimmen Sie sich auf das Thema der Ökologie ein.

l'écologie, f	*die Ökologie*	**protéger**	*schützen*
l'environnement, m	*die Umwelt*	**respecter**	*respektieren; beachten*
les ordures, f / Pl	*die Abfälle*	**trier**	*sortieren*
pollué(e)	*verschmutzt*	**la pollution**	*die Umweltverschmutzung*
la poubelle	*der Mülleimer*	**jeter**	*wegwerfen*

Le temps bezeichnet im Französischen sowohl *das Wetter* als auch *die Zeit*.

2 § 19 107

Achten Sie auf das Verb **protéger**!

je protège	*ich schütze*	**nous protégeons**	*wir schützen*
tu protèges	*du schützst*	**vous protégez**	*ihr schützt / Sie schützen*
il / elle protège	*er / sie schützt*	**ils / elles protègent**	*sie schützen*

Weitere Abweichungen bei Stammenden: **-é** (oder -**e**) wird zu **-è**, **-t** zu -**tt**, -**l** zu -**ll** und **-y** zu **-i**.

Ergänzen Sie die Beispiele:

manger → nous ____________ jeter → il ____________

3

Finden Sie heraus, was diese Aussagen zum Thema Umwelt bedeuten. Verbinden Sie.

1. Est-ce que tu t'intéresses à l'environnement ? ___ **A** Viele große und kleine Flüsse sind verschmutzt.

2. C'est très important de protéger l'environnement. ___ **B** Interessierst du dich für die Umwelt?

3. Beaucoup de fleuves et rivières sont pollués. ___ **C** Es ist sehr wichtig, die Umwelt zu schützen.

4. Jetez vos ordures dans les poubelles. ___ **D** Werfen Sie Ihre Abfälle in die Mülleimer.

LÖSUNG

2 **1.** mangeons; **2.** jette • **3** 1B; 2C; 3A; 4D

18 Wetter und Umweltschutz

Quel temps fait-il ? *Wie ist das Wetter?* Kreuzen Sie die Aussagen an, die zu den jeweiligen Bildern passen.

1. ▢ **A** Il fait du tennis. ▢ **B** Il pleut. ▢ **C** Il fait du piano.

2. ▢ **A** Il fait chaud. ▢ **B** Il fait du sport. ▢ **C** La viande est chaude.

3. ▢ **A** Il fait chaud. ▢ **B** Il fait froid. ▢ **C** Il fait de l'équitation.

4. ▢ **A** Il mange. ▢ **B** Il lit. ▢ **C** Il neige.

Sehen Sie sich die Abbildungen an und notieren Sie die Übersetzung in die Lücke.

1. Il fait soleil.

____

3. Il y a de l'orage.

____

2. Il y a du vent.

____

4. C'est nuageux.

____

6  

Quel temps... bedeutet wortwörtlich *welches Wetter* und **quel** ist ein so genanntes Interrogativadjektiv. Hier alle Formen:

	Maskulinum	Femininum
Singular	**quel**	**quelle**
Plural	**quels**	**quelles**

Welche Antwort passt?

1. À quelle heure est la séance de cinéma ?
- **A** Elle est à 20h15.
- **B** Vous partez à 16h12.
- **C** Elle est lundi.

2. Quel jour sommes-nous ?
- **A** Nous sommes à Lille.
- **B** Il fait du vélo.
- **C** C'est mercredi.

3. Quelles sont les dates du voyage ?
- **A** À huit heures trente.
- **B** Du 21 au 30 juin.
- **C** Les lundis.

4. Quel train prenez-vous ?
- **A** Non, je prends l'avion.
- **B** Je prends le train de 18h.
- **C** Je ne prends pas le train.

7

Verbinden Sie nun die Wetterlage mit der passenden Jahreszeit.

1. Il fait très chaud. ___ **A** **au printemps** *im Frühling*

2. Il neige. ___ **B** **en automne** *im Herbst*

3. Il fait beau et il y a du vent. ___ **C** **en hiver** *im Winter*

4. C'est nuageux : il fait froid. ___ **D** **en été** *im Sommer*

LÖSUNG

4 1B; 2A; 3B; 4C • **5** **1.** Es ist sonnig.; **2.** Es ist windig.; **3.** Es gewittert.; **4.** Es ist wolkig. • **6** 1A; 2C; 3B; 4B • **7** 1D; 2C; 3A; 4B

19 Kleidung

Franzosen mögen in der Regel bequeme Kleidung, meist sportlich elegant, und ein gepflegtes Äußeres. Im Geschäftsleben wird großer Wert auf formelle Kleidung gelegt: Für die Männer Anzug (**un costume**), Jackett und langärmliges Hemd, für die Frauen, ein Kostüm (**un tailleur**!) oder ein dunkler Hosenanzug und ausgewählte Accessoires. Etwas „overdressed" ist immer besser als zu leger.

Folgender Dialog zeigt Ihnen nützliche Sätze für den Einkauf von Kleidungsstücken.

- **Je peux vous aider ?**	*Kann ich Ihnen helfen?*
+ **Oui, je cherche un pantalon noir et une chemise rouge.**	*Ja, ich suche eine schwarze Hose und eine rote Bluse.*
- **Quelle est votre taille ?**	*Welche Größe haben Sie?*
+ **Je fais du 42.**	*Ich habe Größe 42.*

Und im Schuhgeschäft:

- **Je cherche une paire de chaussures blanches.**	*Ich suche ein paar weiße Schuhe.*
+ **Quelle est votre pointure ?**	*Welche Schuhgröße haben Sie?*
- **Je fais du 44.**	*Ich habe Schuhgröße 44.*

Blanche ist die weibliche Form für ***weiß***, das männliche Adjektiv lautet **blanc**.

Französische Schuh- und Konfektionsgrößen entsprechen nicht ganz den deutschen. Kleidungsgröße 38 in Deutschland entspricht 40 in Frankreich und Schuhe fallen in Frankreich bei gleicher Schuhgröße etwas kleiner aus!

1. Wie lautet die Frage zur Kleidergröße?

____

2. Wie lautet die Frage zur Schuhgröße?

____

3. Wie lautet die Antwort auf beide Fragen?

____

  **111**

Und jetzt auf zur Anprobe!

Je peux l'essayer ?	*Kann ich es anprobieren?*
Où sont les cabines d'essayage ?	*Wo sind die Umkleidekabinen?*
Ça vous va bien.	*Es steht / passt Ihnen gut.*
Le jaune te va bien.	*Das Gelb steht dir gut.*
Ça ne vous va pas du tout !	*Es steht / passt Ihnen gar nicht!*

LÖSUNG

2 1. Quelle est votre taille ?; **2.** Quelle est votre pointure ?; **3.** Je fais du…

Hier sind weitere Kleidungsstücke. Schreiben Sie den richtigen Buchstaben unter die Bilder: **A le pull – B la veste – C la jupe**

Farbadjektive richten sich, wie andere Adjektive auch, in Geschlecht und Zahl nach dem Substantiv und werden diesem nachgestellt: **un pull vert** *ein grüner Pulli* – **une robe grise** *ein graues Kleid*.
Farbadjektive, die von Nomen abgeleitet sind, z. B. **orange** (*orange* < *Orange*), **marron** (*braun* < *Maronen*) sowie zusammengesetzte Farbadjektive wie **bleu clair / bleu foncé** (*hell- / dunkelblau*) bleiben jedoch unverändert!

Welche Farben haben Sie bereits in dieser Lektion gelernt? Tragen Sie die männliche Form ein. Es sind insgesamt neun.

6

C'est de quelle couleur ? *Welche Farbe hat es?* Kreuzen Sie die passende Adjektivform (auch mehrere möglich) an.

1. un pantalon...
- **A** noir
- **B** bleu foncé
- **C** grise

2. des chemises
- **A** gris
- **B** blanches
- **C** blancs

3. une jupe...
- **A** marron
- **B** rouge
- **C** blanc

4. un t-shirt
- **A** orange
- **B** blanc
- **C** rouges

7 112

Lesen Sie nun den Dialog zwischen einer *Kundin* (**une cliente**) und dem *Verkäufer* (**le vendeur**). Ergänzen Sie die Lücken mit den Vokabeln aus dieser Lektion.

\+ Bonjour Monsieur. Je cherche les pantalons.

\- Oui, venez avec moi. Voilà ! Vous faites quelle taille ?

\+ Je fais du 40... Oh parfait ! Je peux l' ________________ **1** ?

\- Mais bien sûr ! Les ________________ **2** sont là-bas.

\+ Comment vous trouvez ce pantalon ?

\- Oh, il vous va très bien !

LÖSUNG

4 A; C; B • **5** noir, rouge, blanc, jaune, vert, gris, orange, marron, bleu •
6 1A, B; 2B; 3A, B; 4A, B • **7** **1.** essayer; **2.** cabines d'essayage

20 Wohnen

Wohnungen in Frankreich sind sehr vielfältig: Wer Altbau bevorzugt, ist z. B. im Marais, einem alten Pariser Viertel, genau richtig. Wer lieber die Sonne mag, wird die malerischen alten Bauernhöfe, **les mas** im Süden lieben: Sie sind der Inbegriff der provenzalischen Idylle. Viele dieser Häuser werden heutzutage von Deutschen, Holländern, Engländern oder Japanern gekauft und renoviert!

l'appartement (m)	*die Wohnung*	**le rez-de-chaussée**	*das Erdgeschoss*
la maison	*das Haus*	**l'étage (m)**	*die Etage*
le jardin	*der Garten*	**le balcon**	*der Balkon*
l'escalier	*die Treppe*	**la cave**	*der Keller*
la cuisine	*die Küche*	**le salon**	*die Couchecke*

La chambre heißt nur das *Schlafzimmer*. Das *Zimmer* im Allgemeinen heißt **la pièce**.

2 114

Lesen Sie die Antwort. Erraten Sie die richtige Fragen und kreuzen Sie sie an.

1. Dans une petite maison.
- **A** On va à la maison ?
- **B** Tu habites où ?
- **C** Tu viens d'où ?

2. Dans la cuisine.
- **A** On mange où ?
- **B** Tu as faim ?
- **C** Qu'est ce que tu fais ?

3. Au premier.
- **A** On est le combien ?
- **B** C'est à quel étage ?
- **C** À quelle heure ?

4. À la cave.
- **A** Où sont les clés ?
- **B** Où sont les toilettes ?
- **C** Où sont les bouteilles de vin ?

3 115

Kennen Sie die Räume? Verbinden Sie die französischen Begriffe links mit ihren deutschen Entsprechungen rechts.

1. la terrasse	___ **A** *das Arbeitszimmer / Büro*
2. la chambre d'enfants	___ **B** *das Kinderzimmer*
3. la salle de bains	___ **C** *die Toilette*
4. les toilettes	___ **D** *die Terrasse*
5. le bureau	___ **E** *das Gästezimmer*
6. la chambre d'amis	___ **F** *das Badezimmer*

LÖSUNG

2 1B; 2A; 3B; 4C • **3** 1D; 2B; 3F; 4C; 5A; 6E

Was befindet sich in den jeweiligen Zimmern? Kreuzen Sie die passenden Wörter an.

1. Dans la chambre, nous avons...

A un lit. **B** une lampe. **C** une armoire.

2. Dans le bureau, j'ai...

A un ordinateur. **B** une douche. **C** un lit.

3. Dans le salon, il y a...

A une télé. **B** un canapé. **C** une baignoire.

  11

Haben Sie in Ihrer Wohnung etwas verloren, sagen Sie z. B.:

Tu cherches les clés ?	*Suchst du die Schlüssel?*
Oui, je les cherche.	*Ja, ich suche sie.*

Um Wiederholungen zu vermeiden, brauchen Sie direkte Objektpronomen. Hier eine kurze Übersicht:

Subjektpronomen		**dir. Objektpronomen**	
je	**nous**	**me** *mich*	**nous** *uns*
tu	**vous**	**te** *dich*	**vous** *euch / Sie*
il	**ils**	**le** *ihn*	**les** *sie*
elle	**elles**	**la** *sie*	**les** *sie*

> Anstelle von **le / la** steht **l'** vor Vokal oder stummem **h**.

  116

Ergänzen Sie die Lücken in den kleinen Dialogen mit dem passenden Objektpronomen.

1. – Comment trouvez-vous l'appartement ?	*Wie finden Sie die Wohnung?*
– Je ______ trouve bien.	*Ich finde sie schön.*
2. – Vous louez la maison ?	*Vermieten Sie das Haus?*
– Oui, nous ______ louons à la semaine.	*Ja, wir vermieten es immer für eine Woche.*
3. – Tu as un ordinateur dans ta chambre ?	*Hast du einen Computer in deinem Schlafzimmer?*
– Non, je ______ ai mis dans le bureau.	*Nein, ich habe ihn ins Arbeitszimmer gestellt.*

LÖSUNG

4 1A, B, C; 2A; 3A, B • **6** **1.** le; **2.** la; **3.** l'

117

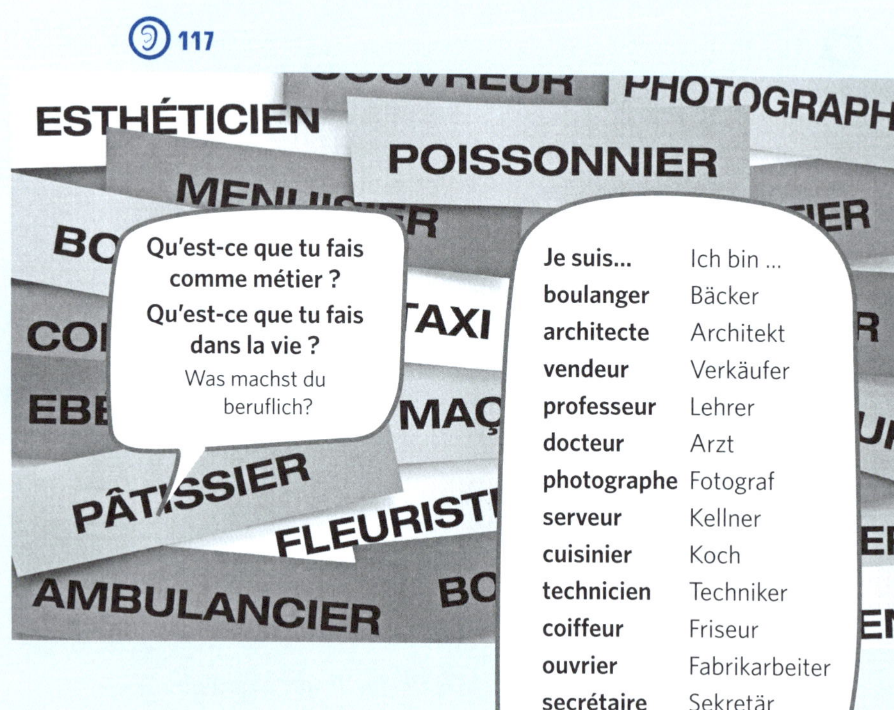

Qu'est-ce que tu fais comme métier ?
Qu'est-ce que tu fais dans la vie ?
Was machst du beruflich?

Je suis...	Ich bin ...
boulanger	Bäcker
architecte	Architekt
vendeur	Verkäufer
professeur	Lehrer
docteur	Arzt
photographe	Fotograf
serveur	Kellner
cuisinier	Koch
technicien	Techniker
coiffeur	Friseur
ouvrier	Fabrikarbeiter
secrétaire	Sekretär
dentiste	Zahnarzt
ingénieur	Ingenieur

118

le travail,
le boulot (ugs.)
die Arbeit

surfer sur Internet	im Internet surfen
écrire des mails	Mails schreiben
travailler à l'ordinateur	am Computer arbeiten

119

J'ai perdu ma carte bancaire.
Ich habe meine Bankkarte verloren.
BANQUE
Appelle la banque !
Ruf bei der Bank an!
POLICE
On m'a volé mon portefeuille.
Man hat mir meine Brieftasche gestohlen.
Porte plainte au commissariat !
Erstatte Anzeige bei der Polizei!
J'ai trouvé un passeport.
Ich habe einen Pass gefunden.
PASSEPORT
Va le porter à la préfecture.
Bring ihn aufs Amt.
Tu as des timbres ?
Hast du Briefmarken?
Non, va à la poste.
Nein, geh zur Post.

21 Arbeit und Beruf

Die Arbeit trägt heute eine entscheidende Rolle zur persönlichen Selbstverwirklichung bei und in den letzten dreißig Jahren hat die Zahl der berufstätigen Frauen in Frankreich stets zugenommen. Mehr als 80% der französischen Frauen zwischen 25 und 50 Jahren sind heute berufstätig, mit oder ohne Kinder. Der französische Staat bietet viele Möglichkeiten der Kinderbetreuung sowie Ganztagsschulen an, in denen der Unterricht bis ca. 17 Uhr stattfindet.

Wenn Sie jemanden nach seiner Arbeit fragen wollen, können Sie sagen: **Qu'est-ce que tu fais comme métier ?** oder **Qu'est ce que tu fais dans la vie ?** Kreuzen Sie nun den zum Bild passenden Beruf an.

1

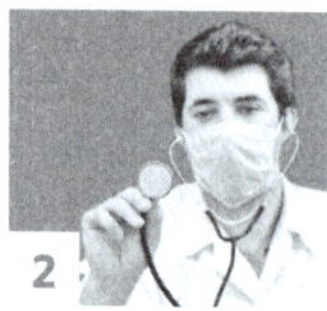
2

3

4

1. **A** le boulanger **B** le couloir **C** l'oncle
2. **A** l'architecte **B** le docteur **C** le photographe
3. **A** le vendeur **B** le pilote **C** le serveur
4. **A** la professeur **B** la cuisinière **C** la première

2 § 5 120

Manche Berufsbezeichnungen sind in der weiblichen Form unregelmäßig (ähnlich wie bei einigen Adjektiven).

1. le vend**eur**	___	**A**	la cuisini**ère**
2. le photograph**e**	___	**B**	la technic**ienne**
3. le cuisin**ier**	___	**C**	la vend**euse**
4. le technic**ien**	___	**D**	la photograph**e**

3

Können Sie daraus weitere weibliche Berufsbezeichnungen erschließen? Ergänzen Sie anschließend die Sprechblase.

1. le coiffeur *der Frisör* → la ______________________

2. l'ouvrier *der (Fabrik)Arbeiter* → l' ______________________

LÖSUNG

1 1A; 2B; 3C; 4B • **2** 1C; 2D; 3A; 4B • **3** **1.** coiffeuse; **2.** ouvrière; **3.** serveuse

Lesen Sie die kleinen Dialoge über die Arbeit.

- **Tu as trouvé un nouveau poste ?**	*Hast du eine neue Stelle gefunden?*
+ **Oui, M. Duchemin m'a proposé un poste de secrétaire.**	*Ja, Herr Duchemin hat mir eine Arbeitsstelle als Sekretärin angeboten.*
- **Qu'est-ce que font Luc et Julie comme boulot ?**	*Was machen Luc und Julie beruflich?*
+ **Tu ne leur as pas demandé ?**	*Hast du sie nicht gefragt?*
- **Non, mais ils sont tous les deux dentistes, je crois.**	*Nein, aber sie sind beide Zahnärzte, glaube ich.*

In Lektion 20 haben Sie bereits die direkten Objektpronomen kennen gelernt, die direkte Objekte ersetzen (das Objekt steht direkt hinter dem Verb: **chercher qn**). Hier lernen Sie nun die indirekten Objektpronomen kennen, die für indirekte Objekte stehen (das Objekt ist mit einer Präposition an das Verb angeschlossen: **téléphoner à qn**). Ergänzen Sie das fehlende indirekte Objektpronomen mithilfe der Dialoge.

Subjektpronomen		**indir. Objektpronomen**	
je	**nous**	**me** *mir*	**nous** *uns*
tu	**vous**	**te** *dir*	**vous** *euch / Ihnen*
il	**ils**	**lui** *ihm*	______ 1 *ihnen*
elle	**elles**	**lui** *ihr*	**leur** *ihnen*

Anstelle von **me / te** stehen **m' / t'** vor Vokalen oder stummem **h**.

6

Kreuzen Sie nun das richtige Objektpronomen an. Achten Sie darauf, ob das Verb im Französischen eine Präposition erfordert oder nicht!

1. Je ☐ **A** l' ☐ **B** le ☐ **C** lui téléphone demain.

2. Nous ☐ **A** la ☐ **B** leur ☐ **C** lui cherchons depuis hier !

3. Le collègue de Marie ☐ **A** la ☐ **B** l' ☐ **C** lui propose du travail.

4. Ils ☐ **A** la ☐ **B** l' ☐ **C** me ont réservé pour deux semaines.

5. André ☐ **A** leur ☐ **B** l' ☐ **C** les regarde.

6. Ce travail ☐ **A** la ☐ **B** lui ☐ **C** leur plaît beaucoup.

7 122

Ergänzen Sie die Minidialoge anhand der Abbildungen und sagen Sie, was die Personen beruflich machen.

1. – Elle travaille à l'hôpital ?
– Oui, elle est ______________.

2. – Il travaille dans un restaurant ?
– Oui, il est ______________.

LÖSUNG

5 1. leur • **6** 1C; 2A; 3C; 4B; 5C; 6B, C • **7 1.** docteur; **2.** serveur

22 Die Informationswelt

Die größten französischen Tageszeitungen sind **Le Monde** und **Le Figaro**, sowie **L'Équipe**, die sich nur dem Sport widmet. Die bekanntesten Wochenzeitschriften sind **L'Express**, **Le Point** und **Le Nouvel Observateur**. Zeitschriften wie **Paris Match** oder **Voici** gehören der **presse people** *Klatschpresse* an.

Verbinden Sie die Aussage links mit ihrer deutschen Entsprechung rechts. Was werden sie am Wochenende machen ?

1. Je lirai des magazines.	___ **A** Sie werden fernsehen.
2. Ils regarderont la télé.	___ **B** Ich werde Zeitschriften lesen.
3. Tu achèteras un livre.	___ **C** Ihr werdet Radio hören.
4. Vous écouterez la radio.	___ **D** Wir werden im Internet surfen.
5. Nous surferons sur Internet.	___ **E** Er wird E-Mails schreiben.
6. Il écrira des e-mails.	___ **F** Du wirst ein Buch kaufen.

Die Verben stehen hier im Futur simple. Somit kann man Ereignisse und Vorsätze in der Zukunft ausdrücken.

Vorsicht! **Le magazine** bedeutet *das Magazin* aber **le magasin** *der Laden!*

2 § 24 124

Können Sie nun die Konjugationstabelle des Verbs **travailler** *arbeiten* mit den richtigen Endungen für das Futur simple ergänzen? Die Beispielsätze in Übung 1 helfen Ihnen dabei.

je travailler___
ich werde arbeiten
tu travailler___
du wirst arbeiten
il / elle travailler___
er / sie wird arbeiten

nous travailler___
wir werden arbeiten
vous travailler___
ihr werdet / Sie werden arbeiten
ils / elles travailler___
sie werden arbeiten

Die Endungen werden an das **-r** des Infinitivs angehängt: **finir** *beenden* (**je finirai**), **prendre** *nehmen* (**je prendrai**).

LÖSUNG

1 1B; 2A; 3F; 4C; 5D; 6E • **2** 1. travaill**erai**, travaill**eras**, travaill**era**, travaill**erons**, travaill**erez**, travaill**eront**

22 Die Informationswelt

  24   125

Verbinden Sie die Frage mit der passenden Antwort. Achten Sie dabei auf die unregelmäßigen Verbstämme im Futur simple!

1. Vous m'écrirez un mail demain ?
2. Tu feras des jeux sur l'ordinateur ?
3. Quand est-ce qu'elles viendront ?
4. Tu seras sur le net samedi ? On pourra chatter.

___ **A** Oui, j'adore ça !

___ **B** Oh non, je n'aurai pas le temps !

___ **C** Samedi ? Oui, pourquoi pas, je ne travaille pas.

___ **D** Elles viendront quand elles voudront.

Französische Fernsehsender sind z. T. öffentlich (**France Télévision**), die meisten jedoch privat wie **TF1** oder **Canal+**. Fernseh- sowie Radiosender sind gesetzlich verpflichtet, 40% ihrer Programme den französischen Produktionen zu widmen. Dies führt dazu, dass Chansons-Sänger wie **Jacques Brel**, **Édith Piaf** oder **Charles Aznavour** nicht aus der Mode kommen und dass junge Künstler wie **Louane**, **Bénabar** oder **ZAZ** sehr schnell bekannt werden. Mittlerweile ist aber auch der Computer eine der beliebtesten Freizeitbeschäftigungen für jung und alt. Fast jeder verbringt mittlerweile eine bis zwei Stunden pro Tag **en ligne** *online*!

Trennen Sie die Wörter mit Schrägstrichen. Sie können die neuen Begriffe im Anhang nachschlagen.

I n t e r n e t o r d i n a t e u r e - m a i l c h a t t e r
c o n n e c t e r s u r f e r t é l é w e b l i r e c h a t
m a g a z i n e n a v i g u e r é c r i r e i m p r i m e r

5

1. Sie kennen nun drei Begriffe für das Internet. Wie lauten sie?

A ______________________ **B** ______________________

C ______________________

2. Und wie sagt man für surfen? Sie kennen auch zwei Varianten.

A ______________________ **B** ______________________

Welches ist die korrekte Antwort? Kreuzen Sie an.

1. Qu'est-ce que tu lis ?
- **A** Un magazine.
- **B** Un magasin.

2. Tu fais quoi sur Internet ?
- **A** Je surfe.
- **B** Je mange.

3. Tu peux imprimer la lettre ?
- **A** Non, la télé est cassée.
- **B** Non, l'ordinateur est cassé.

4. Tu joues sur l'ordinateur ?
- **A** Oui, j'écris.
- **B** Non, je chatte.

LÖSUNG

3 1B; 2A; 3D; 4C • **4** Internet-ordinateur-e-mail-chatter-connecter-surfer-télé-web-lire-chat-magazine-naviguer-écrire-imprimer • **5 1.** A. l'Internet, B. le web, C. le net; **2.** A. surfer, B. naviguer • **6** 1A; 2A; 3B; 4B

23 Behörden

Haben Sie etwas verloren, melden Sie sich im *Rathaus* (**la mairie**) oder beim *Fundbüro* (**objets trouvés**). Wurde Ihnen etwas gestohlen? Gehen Sie in dem Fall zur Polizei. Vermissen Sie Ihr Auto? Vielleicht ist es vom Abschleppdienst (**la fourrière**) abgeholt worden? Fragen Sie bei der **gendarmerie** nach! Die **gendarmerie** ist zuständig für die Sicherheit des Landes und der Straßen, die **police** für die Aufrechterhaltung und Wiederherstellung der öffentlichen Ordnung.

Hier stimmt etwas nicht! An wen kann man sich wenden? Tragen Sie ein, welche Anweisung zu welchem Bild passt.

1

2

3

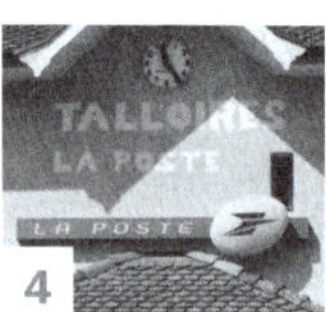

4

- **A** Appelle la police !
- **B** Achète les timbres à la poste !
- **C** Allez à la mairie !
- **D** Pour le passeport, demande à la préfecture !

2 § 25

Wie im Deutschen kann man im Französischen auch einen Befehl, eine Aufforderung oder eine Anweisung mithilfe des Imperativs ausdrücken. Er wird aus dem Präsens (1. Person Singular und 1. und 2. Person Plural) gebildet. Können Sie die Konjugationstabelle ergänzen?

1. parler *reden*	parl**e**	parl**ons**	parl**ez**
2. acheter *kaufen*	______	______	______
3. finir *beenden*	______	______	______
4. aller *gehen / fahren*	______	______	______
5. faire *machen / tun*	______	______	______

Vorsicht, man sagt
Vas-y ! *Geh hin.*

3 § 25

Verbinden Sie die Aussagen mit den passenden Aufforderungen, um die unregelmäßigen Imperativ-Formen zu erraten. Näheres lesen Sie im Grammatikanhang nach.

1. Je suis courageux. ___ **A** N'aie pas peur !

2. Tu as peur. ___ **B** Sois courageux !

3. Je ne sais pas faire. ___ **C** Sache-le faire !

LÖSUNG

2 1C; 2A; 3D; 4B • **2 2.** achète, achetons, achetez; **3.** finis, finissons, finissez; **4.** va, allons, allez; **5.** fais, faisons, faites • **3** 1B; 2A; 3C

23 Behörden

Wollen Sie den Diebstahl Ihrer Handtasche melden? Bevor Sie den Dialog lesen oder hören, brauchen Sie noch einige Vokabeln:

perdre	*verlieren*	**voler**	*stehlen*
la carte bancaire	*die Bankkarte*	**le sac à main**	*die Handtasche*
le témoin	*der Zeuge*	**se passer**	*geschehen*
porter plainte	*Anzeige erstatten*	**ne... rien**	*nichts*

Das erste Gespräch mit der Polizei könnte so verlaufen:

– **Bonjour, j'ai perdu mon sac à main avec toutes les cartes bancaires !**	*Guten Tag, ich habe meine Handtasche mit allen Bankkarten verloren!*
+ **Perdu ? Expliquez-moi comment ça s'est passé.**	*Verloren? Erklären Sie mir, wie das passiert ist.*
– **Non, on me l'a volé ! Mais dans la foule, je n'ai rien vu.**	*Nein, sie ist mir gestohlen worden. Aber in der Menge habe ich nichts gesehen.*
+ **Il y a des témoins ?**	*Gibt es Zeugen?*
– **Malheureusement non.**	*Leider nicht.*
+ **Venez à la gendarmerie cet après-midi pour porter plainte.**	*Kommen Sie heute Nachmittag zur Polizei, um Anzeige zu erstatten.*

5

Jetzt sind Sie dran. Wie sagt man das? Kreuzen Sie die richtige Lösung an.

1. Wie sagt man, wenn man die Schlüssel verloren hat?
- **A** J'ai fini la journée.
- **B** J'ai cherché les clés.
- **C** J'ai perdu les clés.

2. Wie sagt man einer Person, sie soll bei der Bank anrufen, um die Karten zu sperren z. B.?
- **A** Cherche les cartes bancaires !
- **B** Appelle la banque !
- **C** Va à la banque !

3. Wie sagt man einer Person, sie soll eine Anzeige erstatten?
- **A** Faites les courses au supermarché !
- **B** Allez voir aux objets trouvés !
- **C** Portez plainte !

4. Wie fragen Sie jemanden, wie etwas passiert ist?
- **A** Comment cela s'est-il passé ?
- **B** Comment tu es passé ?
- **C** Est-ce que je peux passer chez toi ?

Das Verb **passer / se passer** hat viele Bedeutungen: *verbringen, vorbeischauen, geschehen / passieren, aussetzen.*

LÖSUNG

5 1C; 2B; 3C; 4A

127

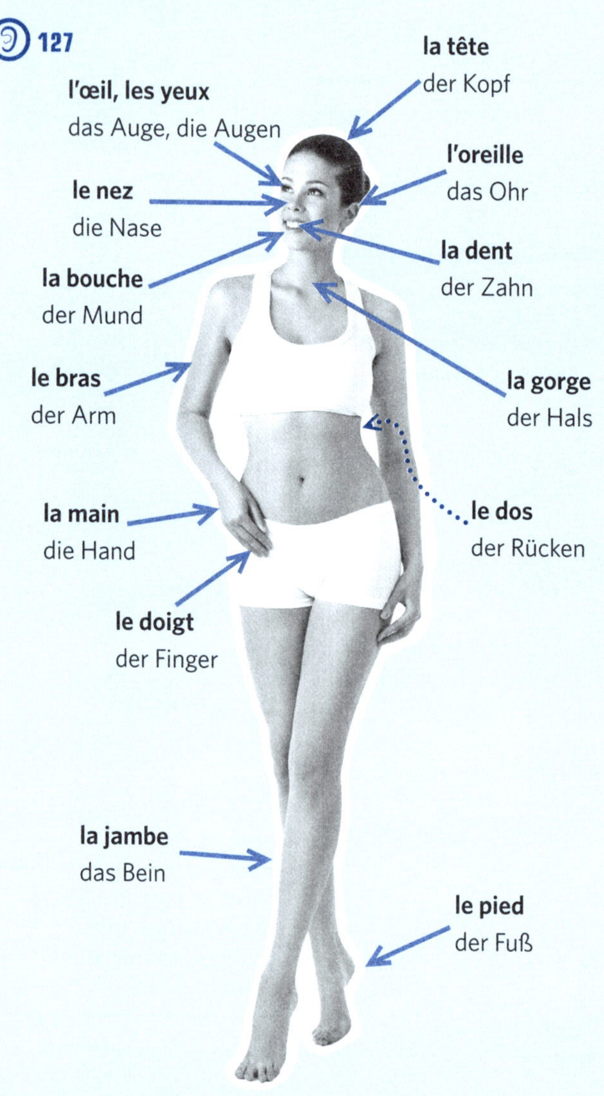
la tête
der Kopf
l'œil, les yeux
das Auge, die Augen
le nez
die Nase
l'oreille
das Ohr
la dent
der Zahn
la bouche
der Mund
le bras
der Arm
la gorge
der Hals
le dos
der Rücken
la main
die Hand
le doigt
der Finger
la jambe
das Bein
le pied
der Fuß

128

le SAMU	medizinischer Notfalldienst
la pharmacie	Apotheke
l'assurance maladie	Krankenversicherung

129

Comment vous sentez-vous?
Wie fühlen Sie sich?

J'ai mal à la tête. J'ai de la fièvre et je tousse.
Ich habe Kopfschmerzen. Ich habe Fieber und huste.

Vous êtes malade. Vous avez un rhume. Je vous donne des médicaments.
Sie sind krank. Sie haben eine Erkältung. Ich gebe Ihnen Medikamente.

J'ai eu froid dans le jardin.
Ich habe mich im Garten verkühlt.

Prenez les comprimés et bon rétablissement!
Nehmen Sie die Tabletten. Gute Besserung!

24 Körper und Körperteile

In dieser Lektion werden Sie viele Redewendungen mit Körperteilen kennenlernen. Wissen Sie eigentlich, dass man „seine Zunge der Katze geben kann", dass man „durch das Herz Vokabeln lernen kann" oder dass „man mit den Fingern in der Nase etwas schaffen kann"? Verstehen Sie nur Bahnhof? Dann lesen Sie weiter!

Zuerst sollten Sie aber ein paar Körperteile kennen.

la main	*die Hand*	**la tête**	*der Kopf*
le bras	*der Arm*	**la gorge**	*der Hals*
la jambe	*das Bein*	**l'oreille (f)**	*das Ohr*
la dent	*der Zahn*	**le dos**	*der Rücken*
le nez	*die Nase*	**le pied**	*der Fuß*
le doigt	*der Finger*	**l'œil (m), les yeux**	*das Auge, die Augen*

Welche Frage passt zu welcher Antwort? Verbinden Sie.

1. Tu t'es brossé les dents ce matin ?	___ **A** Non, mes mains sont sales, je vais les laver.
2. Qu'est-ce que tu fais dans la salle de bains ?	___ **B** Mais bien sûr, comme tous les matins !
3. Tes mains sont propres ?	___ **C** Je me lave ! Je prends une douche !

3 § 14

Tes *deine* und **mes** *meine* sind Possessivbegleiter. Im Französischen richten sie sich ausschließlich nach dem Geschlecht des Substantivs, das sie begleiten:

	ein Besitzer			mehrere Besitzer		
Mask.	**mon** *mein*	**ton** *dein*	**son** *sein/ihr*	**notre** *unser/unsere*	**votre** *euer/eure; Ihr/Ihre*	**leur** *ihr*
Fem.	**ma** *meine*	**ta** *deine*	**sa** *seine/ihre*			
Plural	**mes** *meine*	**tes** *deine*	**ses** *seine/ihre*	**nos** *unsere*	**vos** *eure/Ihre*	**leurs** *ihre*

Ma, **ta**, **sa** werden vor femininen Substantiven, die mit einem Vokal oder einem stummen **h** beginnen, zu **mon**, **ton**, **son**: **mon amie** *meine Freundin*.

Kreuzen Sie den richtigen Begleiter an. Manchmal sind mehrere Lösungen möglich.

1. Oh, **A** mon **B** sa **C** ma tête !

2. **A** Ma **B** Ton **C** Mon oreille est rouge.

3. **A** Mon **B** Ses **C** Leurs yeux sont bleus.

LÖSUNG

2 1B; 2C; 3A • **3** 1C; 2B, C; 3B, C

24 Körper und Körperteile

 131

Jetzt ist es so weit! Versuchen Sie anhand der kleinen Dialoge zu erschließen, was die Wendungen bedeuten.

1. **– Tu sais où est Catherine ?**
   Weißt du, wo Catherine ist?
   – Non, je donne ma langue au chat.
   - **A** das Raten aufgeben
   - **B** eine Katze versorgen

La langue heißt sonst *die Zunge*.

2. **– Tu connais le texte de la chanson ?**
   Kennst du den Text des Lieds?
   – Oui, je l'ai appris par cœur.
   - **A** mit Herzklopfen lernen
   - **B** auswendig lernen

Le cœur ist das Wort für *Herz*.

3. **– Tu y arrives ?**
   Schaffst du es?
   – Bien sûr, les doigts dans le nez !
   - **A** in der Nase popeln
   - **B** mit Links schaffen

4. **– Il a aimé le repas ?**
   Hat ihm das Essen geschmeckt?
   – Oh oui, tu sais, c'est une fine bouche !
   - **A** Feinschmecker sein
   - **B** einen kleinen Mund haben

La bouche heißt *der Mund*.

5

Schreiben Sie nun die Körperteile in die Lücken.

1. ____________________
2. ____________________
3. ____________________
4. ____________________
5. ____________________
6. ____________________
7. ____________________
8. ____________________

LÖSUNG

2 1A; 2B; 3B; 4A • **5 1.** la tête; **2.** le nez; **3.** la bouche; **4.** le cœur; **5.** le bras; **6.** la main; **7.** la jambe; **8.** le pied

25 Gesundheit

   132

Im Notfall ruft man die Nummer 15 an. Es ist die Telefonnummer des **SAMU** (**Service d'aide médicale urgente**), dem *medizinischen Notfalldienst*.
Einen Arztbesuch muss man gleich bezahlen. Die Kosten werden dann später erstattet. Mit dem Arztrezept geht man dann zur **pharmacie** *Apotheke*, um seine Medikamente abzuholen.
In Frankreich gibt es keine gesetzlichen oder privaten Versicherten, alle zahlen Beiträge in die **assurance maladie** *Krankenversicherung*, die für alle gleich ist: **la Sécurité sociale**.
Medikamente werden zu zwei Dritteln ersetzt, der Rest muss entweder privat bezahlt werden oder man muss eine **mutuelle** *Zusatzversicherung* abgeschlossen haben.

Bei einem Arztbesuch könnte Ihnen der Arzt zuerst folgende Fragen stellen:

Comment allez-vous ?	*Wie geht es Ihnen?*
Comment vous sentez-vous ?	*Wie fühlen Sie sich?*
Qu'est-ce qui vous arrive ?	*Was ist mit Ihnen los?*
Où avez-vous mal ?	*Wo tut es Ihnen weh?/ Wo haben Sie Schmerzen?*

Se sentir bedeutet *sich fühlen*, während nur **sentir** *riechen* heißt. Es wird in beiden Fällen nach dem Muster von **partir** konjugiert.

2 133

Wenn Sie irgendwo Schmerzen haben, können Sie es so ausdrücken.

Ça me fait mal.	*Es tut mir weh.*
J'ai mal.	*Es tut weh. / Ich habe Schmerzen.*
J'ai mal au dos.	*Ich habe Rückenschmerzen.*
J'ai de la fièvre.	*Ich habe Fieber.*
Je tousse.	*Ich huste.*
Je me suis cassé le pied.	*Ich habe mir den Fuß gebrochen.*

3

Wie drücken Sie Folgendes aus? Kreuzen Sie an.

1. Bei Kopfschmerzen.
- **A** J'ai mal au dos.
- **B** J'ai une grosse tête.
- **C** J'ai mal à la tête.

2. Wenn etwas weh tut.
- **A** J'ai faim.
- **B** J'ai peur.
- **C** J'ai mal.

3. Gute Besserung!
- **A** Bonne journée !
- **B** Bon rétablissement !
- **C** Bon appétit !

4. Bei Husten.
- **A** Je tousse.
- **B** Je joue.
- **C** Je parle.

LÖSUNG

3 1C; 2C; 3B; 4A

Es gibt zwei Alternativen, um seine Schmerzen auszudrücken. Wie lauten sie?

1. ______________________________

2. ______________________________

134

Sie können auch von Ihren Gesundheitsproblemen erzählen:

– **J'étais malade toute la semaine.**	*Ich war die ganze Woche krank.*
+ **Qu'est-ce que tu avais ?**	*Was hattest du?*
– **J'avais un rhume.**	*Ich hatte einen Schnupfen.*
+ **Tu as pris froid ?**	*Hast du dich erkältet?*
– **Oui, j'ai travaillé dans le jardin et j'ai eu froid.**	*Ja, ich habe im Garten gearbeitet und mir ist kalt geworden.*
+ **Tu as été chez le docteur ?**	*Warst du beim Arzt?*
– **Non.**	*Nein.*
+ **Tu as pris des médicaments ?**	*Hast du Medikamente genommen?*
– **Oui. Pendant que j'étais au travail, Tom a acheté des comprimés.**	*Ja. Während ich bei der Arbeit war, hat Tom Tabletten gekauft.*

Hier ist Ihnen eine weitere Zeit der Vergangenheit begegnet. Es handelt sich um das Imparfait, das bei Situationenbeschreibungen oder bei der Schilderung von Gewohnheiten steht, während das Passé composé (L. 14) eher punktuelle abgeschlossene Ereignisse beschreibt:

J'étais malade. *Ich war krank.*
J'étais dehors et j'ai pris froid. *Ich war draußen und ich habe mich erkältet.*

An den Stamm der 1. Person Plural Präsens (**nous regardons**) werden die Endungen des Imparfaits **-ais, -ais, -ait, -ions, -iez, -aient** angehängt. Ergänzen Sie die Konjugationstabelle von **regarder** *sehen*.

je regardais	*ich sah*	**nous** ______	*wir sahen*
tu ______	*du sahst*	**vous** ______	*ihr saht / Sie sahen*
il / elle ______	*er / sie sah*	**ils / elles** ______	*sie sahen*

Dieses Mal gibt es nur eine Ausnahme: das Verb **être** (**j'étais**, **tu étais**, **il / elle était**, **nous étions**, **vous étiez**, **ils / elles étaient**).

LÖSUNG

4 1. J'ai mal.; **2.** Ça me fait mal. • **6** regardais, regardais, regardait, regardions, regardiez, regardaient

ANHANG

1 Grammatik

In der Grammatik werden alle im Kurs behandelten Regeln anschaulich erklärt. Das Symbol §, das Sie in den Lektionen immer wieder gefunden haben, verweist auf die jeweiligen Grammatikthemen, die Sie auf den nächsten Seiten nachlesen können.

2 Lektionswortschatz

Zu Beginn des Wortschatzes finden Sie einige allgemeine Wörter. Anschließend finden Sie den Lektionswortschatz mit allen wichtigen Wörtern und Wendungen aus jeder Lektion. So können Sie den Wortschatz lektionsweise und thematisch lernen und hören.
Die Tondateien finden Sie auf der CD2 und unter www.pons.de/all-inclusive-FR.

§ 1 BESTIMMTER ARTIKEL

Im Französischen gibt es nur zwei Geschlechter: feminin und maskulin.

	Singular	Plural
Mask.	**le chien** *der Hund*	**les chiens**
Fem.	**la voiture** *das Auto*	**les voitures**

Vor Vokal oder stummem **h** werden **le** und **la** zu **l'**.

Anders als im Deutschen steht der bestimmte Artikel auch:

- vor Ländernamen: **la France** *Frankreich*
- bei Eigennamen: **les Dupont** *Duponts*
- bei Titeln: **le docteur Martin** *Doktor Martin*
- vor den Wochentagen (Ausdruck der Gewohnheit/ Wiederholung): **le mardi** *dienstags, jeden Dienstag*
- bei Körperteilen: **J'ai les yeux bleus.** *Ich habe blaue Augen.*
- nach **apprendre** *lernen,* **adorer** *lieben,* **aimer** *gern haben,* **détester** *hassen,* **préférer** *bevorzugen.*

Achten Sie auf die Verschmelzung des bestimmten Artikels mit den Präpositionen **à** und **de**:

à + le = **au**	à + la = **à la**	à + l' = **à l'**	à + les = **aux**
de + le = **du**	de + la = **de la**	de + l' = **de l'**	de + les = **des**

§ 2 UNBESTIMMTER ARTIKEL

	Singular	Plural
Mask.	un **chat** *eine Katze*	des **chats** *Katzen*
Fem.	une **voiture** *ein Auto*	des **voitures** *Autos*

Im Französischen hat der unbestimmte Artikel eine Pluralform: **des**. Diese wird im Deutschen nicht übersetzt!

§ 3 TEILUNGSARTIKEL

Der Teilungsartikel steht bei unzählbaren Dingen, um eine unbestimmte Menge auszudrücken. Er wird im Deutschen nicht übersetzt!

	Singular	Plural
Mask.	du **pain** *Brot*	des **plats** *Gerichte*
Fem.	de la **salade** *Salat*	des **crêpes** *Pfannkuchen*

Du und **de la** werden zu **de l'** vor Vokal oder stummem **h**!

J'achète du pain, de la salade, de l'eau et des gâteaux.
Ich kaufe Brot, Salat, Wasser und Gebäck.

Der Teilungsartikel steht:

- nach **avec**: **avec du fromage** *mit Käse*
- nach **il y a**: **Il y a du pain.** *Es gibt Brot.*
- bei festen Wendungen:
  faire du sport *Sport treiben*

jouer du violon *Geige spielen*
avoir de la chance *Glück haben.*

Achtung! In diesem Fall lautet die Verneinung: **ne... pas de**:
Je ne mange pas de pain. *Ich esse kein Brot.*

§ 4 MENGENANGABEN

Mengenangabe + **de** + Substantiv ohne Artikel

Vor Vokal und stummem **h** wird **de** zu **d'** verkürzt:

un litre d'eau, un kilo de tomates *ein Liter Wasser, ein Kilo Tomaten.*

Man kann auch Mengenwörter wie **beaucoup de** *viel*, **un peu de** *ein bisschen*, **assez de** *genug* benutzen:
un peu de lait *ein bisschen Milch.*

§ 5 FEMININBILDUNG DER SUBSTANTIVE

In der Regel werden feminine Substantive bei Personenbezeichnungen durch Anhängen eines stummen **-e** an das Maskulinum gekennzeichnet: **le cousin → la cousine**.

Einige Substantive haben besondere Endungen:

	Maskulinum		Femininum
-an	**un paysan** *ein Bauer*	**-anne**	**une paysanne**
-er	**un boucher** *ein Metzger*	**-ère**	**une bouchère**
-eur	**un serveur** *ein Kellner*	**-euse**	**une serveuse**

-ien	**un technicien** *ein Techniker*	**-ienne**	**une technicienne**
-on	**un champion** *ein Meister*	**-onne**	**une championne**

Manche Substantive haben identische maskuline und feminine Formen. Das Geschlecht ist dann nur am Artikel zu erkennen:
un enfant, une enfant *ein Kind*
l'architecte *ein Architekt, eine Architektin.*

Einige Berufsbezeichnungen haben keine weibliche Form:
un professeur *ein Lehrer, eine Lehrerin*
un médecin *ein Arzt, eine Ärztin.*

Bei Gegenständen sollte man den Artikel immer mitlernen! Oft hat das Substantiv im Französischen ein anderes Geschlecht als im Deutschen:
la place *der Platz,* **le** soleil *die Sonne,* **la** bière *das Bier.*

Hier sind die häufigsten Regeln:

Maskulin sind:
Wochentage: **le lundi** *der Montag*
Jahreszeiten: **le printemps** *das Frühjahr*
Himmelsrichtungen: **le sud** *der Süden*
Sprachen: **le français** *das Französische*
Farben: **le blanc** *das Weiß / weiße Farbe*

Feminin sind:
die meisten Länder: **la France** *Frankreich*
die meisten Wissenschaften: **la géographie** *die Geografie*
Automarken: **une Mercedes** *ein Mercedes*
die meisten Flüsse: **la Seine** *die Seine*

Meistens (bis auf einige wenige Ausnahmen) deuten die Endungen der Substantive auf das Geschlecht:

	Maskulinum		Femininum
-al	**le cheval** *das Pferd*	**-ée**	**la soirée** *der Abend*
-et	**le billet** *die Fahrkarte*	**-té**	**la santé** *die Gesundheit*
-ail	**le travail** *die Arbeit*	**-tion**	**l'information** *die Information*
-ier	**l'escalier** *die Treppe*	**-ette**	**la baguette** *das Baguette*
-ment	**le moment** *der Moment*	**-ade**	**la salade** *der Salat*
-age	**le garage** *die Garage*	**-ie**	**la boulangerie** *die Bäckerei*
-eau	**le bureau** *das Büro*	**-ise**	**la valise** *der Koffer*
-in	**le vin** *der Wein*	**-ance**	**la chance** *das Glück*
-isme	**le tourisme** *der Tourismus*	**-ence**	**l'agence** *die Agentur*

§ 6 PLURALBILDUNG DER SUBSTANTIVE

Die Pluralbildung der Substantive wird meist durch das Anhängen von **-s** gekennzeichnet. Dieses **-s** wird nicht ausgesprochen: **un homme** *ein Mann* → **des hommes** *Männer.*

Substantive, die im Singular auf **-s**, **-x** und **-z** enden, bleiben im Plural unverändert: **le prix** → **les prix** *der Preis, die Preise*

Unregelmäßige Pluralbildungen sind:

	Maskulinum		Plural
-al	**le journal** *die Zeitung*	**-aux**	**les journaux**
-ail	**le travail** *die Arbeit*	**-aux**	**les travaux**

-eau	le gâteau *der Kuchen*	-eaux	les gâteaux
-eu	le jeu *das Spiel*	-eux	les jeux
-ou	le chou *der Kohl*	-oux	les choux

§ 7 ADJEKTIV

Das Adjektiv richtet sich in Geschlecht und Zahl nach dem Substantiv, auf das es sich bezieht, auch wenn es von ihm getrennt ist (nach **être**).

Adjektiv im Singular

Auch bei den Adjektiven ist das **-e** das Zeichen des Femininums:

un petit garçon → Le garçon est petit.
ein kleiner Junge → Der Junge ist klein.
une petite fille → La fille est petite.
ein kleines Mädchen → Das Mädchen ist klein.

Endet das Adjektiv auf einen Konsonanten, wird dieser durch das Anhängen des **-e** ausgesprochen.

Endet das maskuline Adjektiv auf -**e**, bleibt es im Femininum unverändert, wie **malade** *krank*, **rouge** *rot.*

Einige wenige Adjektive bleiben jedoch unverändert, wie zusammengesetzte Farbadjektive (**bleu foncé** *dunkelblau*) oder **super** *super*, **chic** *schick*, **bon marché** *preisgünstig*, **marron** *braun* und **orange** *orange*: **une jupe marron** *ein brauner Rock.*

Einige Adjektive haben eine besondere feminine Form:

	Maskulinum		Femininum
-f	**sportif** *sportlich*	-ve	**sportive**
-el	**actuel** *aktuell*	-elle	**actuelle**
-en	**italien** *italienisch*	-enne	**italienne**
-er	**cher** *teuer*	-ère	**chère**
-on	**bon** *gut*	-onne	**bonne**

Ausnahmen sind:

beau, belle *schön*
nouveau, nouvelle *neu*
vieux, vieille *alt*
faux, fausse *falsch*
doux, douce *mild, sanft*
jaloux, jalouse *eifersüchtig*
blanc, blanche *weiß*
frais, fraîche *frisch*
fou, folle *verrückt*
long, longue *lang.*

Vorsicht! **Beau**, **nouveau** und **vieux** werden vor maskulinen Substantiven, die mit Vokal oder stummem **h** beginnen, zu **bel**, **nouvel** und **vieil**:

un bel / nouvel / vieil hôtel *ein schönes / neues / altes Hotel.*

Adjektiv im Plural

Das **-s** ist auch bei den Adjektiven das Zeichen des Plurals.

des petits garçons	*kleine Jungen*
des petites filles	*kleine Mädchen*

Wenn sich das Adjektiv auf mehrere Substantive unterschiedlichen Geschlechts bezieht, nimmt es die maskuline Pluralform an: **Pierre et Marie sont petits.** *Pierre und Marie sind klein.*

Endet das Adjektiv auf **-s** oder -**x**, bleibt es im Plural unverändert:
un chat gris → des chats gris *eine graue Katze, graue Katzen*
un vieux pull → des vieux pulls *ein alter Pulli, alte Pullis.*

Adjektive mit der maskulinen Endung **-eau** enden im Plural auf **-eaux**, solche mit **-al** auf **-aux**: **un beau cheval → des beaux chevaux** *ein schönes Pferd, schöne Pferde.*

Stellung des Adjektivs

Anders als im Deutschen stehen die Adjektive (vor allem die mehrsilbigen) meist hinter dem Substantiv:

un restaurant italien *ein italienisches Restaurant.*

Kurze und häufig gebrauchte Adjektive wie **beau** *schön*, **joli** *hübsch*, **jeune** *jung*, **vieux** *alt*, **grand** *groß*, **gros** *dick*, **petit** *klein*, **mauvais** *schlecht* stehen **vor** dem Substantiv: **un petit musée** *ein kleines Museum.*

Ausgenommen sind Farbadjektive. Sie stehen immer **hinter** dem Substantiv: **un pantalon bleu** *eine blaue Hose.*

Bei einigen Adjektiven ändert sich die Bedeutung, je nachdem, ob sie vor oder hinter dem Substantiv stehen:
un pauvre homme *ein bedauernswerter Mann*
un homme pauvre *ein armer Mann.*

§ 8 STEIGERUNG DES ADJEKTIVS

Komparativ

+	plus		
=	aussi	+ Adjektiv	+ que
-	moins		

Superlativ

+++	le / la / les plus	+ Adjektiv (+ de)
- - -	le / la / les moins	

Vor Vokal oder stummem **h** werden **de** und **que** zu **d'** und **qu'** verkürzt.

Achten Sie darauf, dass das Adjektiv auch bei den Steigerungsformen angeglichen wird:
Elle est plus grande que son frère. → C'est la plus grande.
Sie ist größer als ihr Bruder. → Sie ist die größte / größere.

Je suis aussi grand qu'elle. *Ich bin so groß wie sie.*

Ils sont moins forts que Paul. → Ils sont les moins forts (du groupe). *Sie sind weniger stark als Paul. → Sie sind die schwächsten (= am wenigsten starken) (in der Gruppe).*

Einige Steigerungsformen sind unregelmäßig:

Adjektiv	Komparativ	Superlativ
bon, bonne *gut*	**meilleur(e)**	**le / la meilleur(e)**
mauvais(e) *schlecht*	**pire**	**le / la pire**

§ 9 ADVERB

Ein Adverb ergänzt oder bestimmt ein Verb, ein Adjektiv, ein anderes Adverb oder einen ganzen Satz näher. Es ist unveränderlich.

Im Französischen haben Adverbien und Adjektive unterschiedliche Formen.

Abgeleitete Adverbien

Viele Adverbien werden von Adjektiven abgeleitet. Sie werden in der Regel aus der femininen Form des Adjektivs gebildet, indem man die Endung **-ment** anhängt:

Adjektiv Mask.	Adjektiv Fem.	Adverb
lent *langsam*	**lente**	**lentement**
heureux *glücklich*	**heureuse**	**heureusement**

Die wichtigsten unregelmäßigen Formen sind:

Adjektiv Mask.	Adverb
bon	**bien** *gut / schön*
meilleur	**mieux** *besser*
mauvais	**mal** *schlecht*
rapide	**vite** (auch **rapidement**) *schnell*

Wenn das Adjektiv auf einem hörbaren Vokal (aber nicht auf **-e**) endet, wird **-ment** an die maskuline Form angehängt:

absolu → **absolument** *absolut.*

Ursprüngliche Adverbien

Es gibt auch Adverbien, die nicht aus Adjektiven abgeleitet werden. Es sind:

- Adverbien der bestimmten Zeit:

hier	*gestern*	**aujourd'hui**	*heute*
demain	*morgen*		

- Adverbien der unbestimmten Zeit:

souvent	*oft*	**jamais**	*nie*
bientôt	*bald*	**toujours**	*immer*

- Adverbien des Ortes:

ici	*hier*	**là-bas**	*dort*

Stellung des Adverbs

Die Adverbien der bestimmten Zeit und des Ortes stehen am Satzanfang oder am Satzende: **Demain, on va au cinéma.** Oder **On va au cinéma demain**. *Morgen gehen wir ins Kino.*

Die meisten anderen Adverbien stehen direkt **hinter** dem konjugierten Verb bzw. dem Hilfsverb:
Elle est toujours là. *Sie ist immer da.*
Ils sont souvent venus. *Sie sind oft gekommen.*

Tôt *früh*, **tard** *spät* und **ensemble** *zusammen* stehen bei zusammengesetzten Zeiten **hinter** dem Participe passé, bei Infinitivkonstruktionen **hinter** dem Infinitiv:
Il est arrivé tard. *Er ist spät gekommen.*
Ils peuvent partir ensemble. *Sie können zusammen gehen.*

§ 10 PERSONALPRONOMEN

Bei den Personalpronomen wird im Französischen zwischen betonten und unbetonten Formen unterschieden. Diese Unterscheidung gibt es im Deutschen nicht!

Unbetonte Personalpronomen		Betonte Personalpronomen
je	*ich*	**moi**
tu	*du*	**toi**
il	*er*	**il**
elle	*sie*	**elle**
nous	*wir*	**nous**
vous	*ihr / Sie*	**vous**
ils	*sie*	**eux**
elles	*sie*	**elles**

Unbetonte Personalpronomen

Je wird vor Vokal oder stummem **h** apostrophiert zu **j'**:
j'ai *ich habe*.

On *man* (3. Pers. Sing.) wird in der Umgangssprache auch anstelle von **nous** verwendet:
On va en ville ? *Gehen wir in die Stadt?*

Vous kann *ihr* (2. Pers. Pl.), aber auch *Sie* (Höflichkeitsform) bedeuten: **Vous venez ?** *Kommt ihr? / Kommen Sie?*

Elles bezieht sich ausschließlich auf ein feminines Substantiv im Plural und **ils** verweist auf ein maskulines Substantiv im Plural oder auf Substantive verschiedenen Geschlechts:

Claire et Lucie → elles
Pierre et Jean → ils, Claire et Pierre → ils

Betonte Personalpronomen

Sie werden verwendet:

- zur Hervorhebung eines Subjekts:
  Moi, je suis médecin. *Ich bin Arzt.*
- nach Präpositionen: **pour lui** *für ihn*
- in Sätzen ohne Verb: **Pas moi.** *Ich nicht.*
- nach **c'est / ce sont**: **C'est toi ?** *Bist du es?*
- beim bejahten Imperativ: **Appelle-moi !** *Ruf mich an!*
- mit dem Komparativ (§8):
  Il est plus grand que moi. *Er ist größer als ich.*

§ 11 OBJEKTPRONOMEN

direktes Objekt (wen?)		indirektes Objekt (wem?)	
me	*mich*	**me**	*mir*
te	*dich*	**te**	*dir*
le	*ihn / es*	**lui**	*ihm*
la	*sie / es*	**lui**	*ihr*
nous	*uns*	**nous**	*uns*
vous	*euch / Sie*	**vous**	*euch / Ihnen*
les	*sie*	**leur**	*ihnen*

Vor Vokal oder stummem **h** werden **me, te** und **le / la** zu **m', t'** und **l'**.

Direkte Objektpronomen

Die direkten Objektpronomen ersetzen Akkusativobjekte und stimmen in Geschlecht und Zahl mit diesen überein.

Sie stehen **vor** dem konjugierten Verb bzw. Hilfsverb:

Tu cherches tes clés ? – Oui, je les cherche.
Suchst du deine Schlüssel? – Ja, ich suche sie.

Vous avez pris les clés ? – Oui, je les ai prises.
Habt ihr die Schlüssel mitgenommen? – Ja, ich habe sie mitgenommen.

Achten Sie dabei auf die Angleichung des Participes passé (§21).

Wenn das Verb einen Infinitiv nach sich zieht, stehen sie dann **vor** dem Infinitiv:

Il veut montrer sa nouvelle chemise. → Il veut la montrer.
Er will sein neues Hemd zeigen. → Er will es zeigen.

Indirekte Objektpronomen

Die indirekten Pronomen ersetzen Dativobjekte und stimmen in der Zahl mit diesen überein. Zwischen maskulin und feminin wird nicht unterschieden. Sie stehen **vor** dem konjugierten Verb bzw. Hilfsverb:

Tu parles à Paula ? – Oui, je lui parle.
Sprichst du mit Paula? – Ja, ich spreche mit ihr.

Tu as donné le livre à Marc ? – Oui, je lui ai donné le livre.
Hast du Marc das Buch gegeben? – Ja, ich habe ihm das Buch gegeben.

Wenn das Verb einen Infinitiv nach sich zieht, stehen sie dann **vor** dem Infinitiv:

Tu veux montrer la maison à Martin ? – Oui, je veux lui montrer la maison. *Willst du Martin das Haus zeigen? – Ja, ich will ihm das Haus zeigen.*

Es können bis zu zwei Pronomen vor dem konjugierten Verb oder Infinitiv stehen. **Me, te, nous, vous** stehen **vor le / la / les**. Aber **lui, leur** stehen **hinter le / la / les**:

Tu me la montres ? *Zeigst du es mir?*
Je vais le leur dire. *Ich werde es ihnen sagen.*

§ 12 REFLEXIVPRONOMEN

Die Reflexivpronomen werden bei Reflexivverben wie **se laver** *sich waschen*, **se sentir** *sich fühlen* etc. verwendet.

Vorsicht! Die Verwendung der Reflexivpronomen stimmt im Deutschen und im Französischen nicht immer überein: **se lever** *aufstehen*, **s'appeler** *heißen*.

je me lève	*ich stehe auf*	**nous nous levons**	*wir stehen auf*
tu te lèves	*du stehst auf*	**vous vous levez**	*ihr steht auf / Sie stehen auf*
il / elle se lève	*er / sie steht auf*	**ils / elles se lèvent**	*sie stehen auf*

Vor Vokal oder stummen **h** werden **me**, **te**, **se** zu **m'**, **t'**, **s'**.

Reflexivpronomen stehen immer **vor** dem konjugierten Verb bzw. Hilfsverb: **Je m'appelle André.** *Ich heiße André.*

Reflexivpronomen stehen vor **le / la / les**: **Je me le demande.** *Ich frage mich danach.*

Bei Verneinung steht **ne** vor dem Pronomen und **pas** hinter dem Verb: **Je ne me lève pas tard.** *Ich stehe nicht spät auf.*

§ 13 DAS INTERROGATIVADJEKTIV QUEL

Das Interrogativadjektiv richtet sich nach dem Substantiv, das es begleitet und bedeutet wortwörtlich *welche(r, s)*.

	Maskulinum	Femininum
Sing.	**quel**	**quelle**
Pl.	**quels**	**quelles**

Quel temps fait-il ? *Wie ist das Wetter?*
Quelle heure est-il ? *Wie spät ist es?*

§ 14 POSSESSIVBEGLEITER

Im Französischen richtet sich der Possessivbegleiter ausschließlich nach dem Geschlecht des Substantivs, das er begleitet!

	ein Besitzer			mehrere Besitzer		
Mask.	**mon** *mein*	**ton** *dein*	**son** *sein / ihr*	**notre** *unser / unsere*	**votre** *euer / eure; Ihr / Ihre*	**leur** *ihr*
Fem.	**ma** *meine*	**ta** *deine*	**sa** *seine / ihre*			

Plural	**mes**	**tes**	**ses**	**nos**	**vos**	**leurs**
	meine	*deine*	*seine / ihre*	*unsere*	*eure / Ihre*	*ihre*

Voici sa cousine et son frère. *Hier sind seine / ihre Cousine und sein / ihr Bruder.*

Ma, **ta**, **sa** werden vor femininen Substantiven, die mit einem Vokal oder einem stummen **h** beginnen, zu **mon**, **ton**, **son**: **mon amie** *meine Freundin*.

§ 15 DEMONSTRATIVBEGLEITER

	Maskulinum	Femininum
Singular	**ce pantalon**	**cette voiture**
	diese Hose	*dieses Auto*
Plural	**ces pantalons**	**ces voitures**
	diese Hosen	*diese Autos*

Die männliche Form **ce** wird vor maskulinen Substantiven, die mit Vokal oder stummem **h** beginnen, zu **cet**: **cet hôtel** *dieses Hotel*.

Oft werden die Demonstrativpronomen durch **-ci** oder **-là** noch zusätzlich betont: **cette voiture-là** *dieses Auto (da)*.

Achtung! Bei Zeitangaben wird auch der Demonstrativbegleiter verwendet: **ce matin** *heute Vormittag*, **cet après-midi** *heute Nachmittag* und **ce soir** *heute Abend*.

§ 16 PRÄPOSITIONEN

Ortspräpositionen

à + Ort	au **travail** *bei der / zur Arbeit*
à + Städtenamen	à **Lille** *in / nach Lille*
à + maskuline Ländernamen mit Konsonant am Anfang oder Ländernamen im Plural	au **Portugal** *in / nach Portugal* aux **États-Unis** *in den / in die Vereinigten Staaten*
en + feminine Ländernamen oder maskuline Ländernamen mit Vokal am Anfang sowie Kontinente	en **Allemagne** *in / nach Deutschland* en **Israël** *in / nach Israel* en **Europe** *in / nach Europa*

Ortspräpositionen können im Französischen sowohl einen Aufenthaltsort als auch einen Zielort bezeichnen:

J'habite en **Allemagne.** *Ich wohne in Deutschland.*
Elle va en **France.** *Sie fährt nach Frankreich.*
Weitere Ortspräpositionen sind:

à côté de	*neben*	**en face de**	*gegenüber*
au milieu de	*in der Mitte von*	**dans**	*in*
à droite de	*rechts von*	**à gauche de**	*links von*
derrière	*hinter*	**devant**	*vor*
près de	*nahe bei*	**vers**	*in Richtung*
sur	*auf*	**sous**	*unter*

Zeitpräpositionen

en + Monatsende	**en mai** *im Mai*
en + Jahreszeiten mit Vokal oder stummem **h** am Anfang	**en été** *im Sommer*
en + Jahr	**en 2010** *im Jahre 2010*

Vorsicht! Man sagt aber **au printemps** *im Frühjahr*!

§ 17 HILFSVERB AVOIR

j'ai	*ich habe*	**nous avons**	*wir haben*
tu as	*du hast*	**vous avez**	*ihr habt / Sie haben*
il / elle a	*er / sie hat*	**ils / elles ont**	*sie haben*

Das Alter wird im Französischen mit **avoir** + Jahresanzahl gebildet, anders als im Deutschen:
Il a 30 ans. *Er ist 30 Jahre alt.*

§ 18 HILFSVERB ÊTRE

je suis	*ich bin*	**nous sommes**	*wir sind*
tu es	*du bist*	**vous êtes**	*ihr seid / Sie sind*
il / elle est	*er / sie ist*	**ils / elles sont**	*sie sind*

Être wird auch in Wendungen der Bewunderung oder der Vorstellung verwendet: **C'est mon mari, ce sont mes enfants.** *Es ist mein Mann, es sind meine Kinder.*

§ 19 PRÄSENS

Französische Verben lassen sich in vier Gruppen unterteilen: die Verben mit Infinitivendung auf **-er**, die Verben auf **-ir** und die Verben auf **-dre** sowie die unregelmäßigen Verben.

Verben auf -er

Die größte Gruppe besteht aus den Verben auf **-er**. An den Verbstamm (Infinitiv ohne **-er**) werden die Endungen des Präsens **-e, -es, -e, -ons, -ez, -ent** angehängt.

je cherche	*ich suche*	**nous cherchons**	*wir suchen*
tu cherches	*du suchst*	**vous cherchez**	*ihr sucht / Sie suchen*
il / elle cherche	*er / sie sucht*	**ils / elles cherchent**	*sie suchen*

Endet der Verbstamm auf **-g** oder **-c**, werden diese vor **-o** zu **-ge** oder **-ç**:
nous mangeons *wir essen,* **nous commençons** *wir beginnen.*

Es gibt dennoch Abweichung bei Stammenden in dieser Gruppe. Sie erfolgen nach folgendem Prinzip:

Stamm-ende	Infinitiv	**nous / vous** (regelmäßig)	**je / tu / il(s) / elle(s)** (unregelmäßig)
-e → -è	**acheter** *kaufen*	**nous achetons**	**j'achète**
-é → -è	**préférer** *bevorzugen*	**vous préférez**	**tu préfères**

-t → -tt	**jeter** *wegwerfen*	**nous jetons**	**il jette**
-l → -ll	**appeler** *rufen*	**vous appelez**	**elle appelle**
-y → -i	**envoyer** *schicken*	**nous envoyons**	**ils envoient**
-y → -y / i	**essayer** *probieren*	**vous essayez**	**elles essayent / essaient**

Verben auf -ir

Verben auf **-ir** werden nach zwei Mustern konjugiert.

Verben wie **partir** *weggehen / -fahren*, **sortir** *ausgehen* oder **dormir** *schlafen* werden ohne Stammerweiterung konjugiert:

je sors	*ich gehe aus*	**nous sortons**	*wir gehen aus*
tu sors	*du gehst aus*	**vous sortez**	*ihr geht aus / Sie gehen aus*
il / elle sort	*er / sie / geht aus*	**ils / elles sortent**	*sie gehen aus*

Einige Verben wie **finir** *beenden*, **choisir** *(aus)wählen* werden mit einer Stammerweiterung auf **-iss** im Plural gebeugt:

je choisis	*ich wähle (aus)*	**nous choisissons**	*wir wählen (aus)*
tu choisis	*du wählst (aus)*	**vous choisissez**	*ihr wählt (aus) / Sie wählen (aus)*
il / elle choisit	*er / sie wählt (aus)*	**ils / elles choisissent**	*sie wählen (aus)*

Verben auf -dre

Es gibt zwei Kategorien von Verben auf -**dre**, die leichte Abweichungen im Plural haben.

Die erste Kategorie wird nach dem Muster von **prendre** *nehmen* konjugiert:

je prends	*ich nehme*	**nous prenons**	*wir nehmen*
tu prends	*du nimmst*	**vous prenez**	*ihr nehmt / Sie nehmen*
il / elle prend	*er / sie nimmt*	**ils / elles prennent**	*sie nehmen*

Ebenso für **apprendre** *lernen* und **comprendre** *verstehen*.

Die zweite Kategorie besteht aus Verben wie **descendre** *aussteigen / heruntergehen*, **rendre** *zurückgeben*, **vendre** *verkaufen*. Hier ist die Konjugation von **vendre**:

je vends	*ich verkaufe*	**nous vendons**	*wir verkaufen*
tu vends	*du verkaufst*	**vous vendez**	*ihr verkauft / Sie verkaufen*
il / elle vend	*er / sie verkauft*	**ils / elles vendent**	*sie verkaufen*

Unregelmäßige Verben

Hier sind die Konjugationen von wichtigen unregelmäßigen Verben, die Sie in diesem Kurs gelernt haben.

aller	**je vais**	**nous allons**
gehen / fahren	**tu vas**	**vous allez**
	il / elle va	**ils / elles vont**

Zum Gebrauch von **aller**, siehe auch §23.

faire	**je fais**	**nous faisons**
machen / tun	**tu fais**	**vous faites**
	il / elle fait	**ils / elle font**

Das Verb **faire** wird auch in festen Redewendungen gebraucht:
faire les courses *einkaufen gehen*
faire du sport *Sport treiben*

venir	**je viens**	**nous venons**
kommen	**tu viens**	**vous venez**
	il / elle vient	**ils / elles viennent**

Die Wendung **venir de** + Infinitiv ist Ausdruck der jüngsten Vergangenheit: **Je viens de partir.** *Ich bin soeben gegangen.*

mettre	**je mets**	**nous mettons**
legen / stellen /	**tu mets**	**vous mettez**
anziehen	**il / elle met**	**ils / elles mettent**
pouvoir	**je peux**	**nous pouvons**
können /	**tu peux**	**vous pouvez**
dürfen	**il / elle peut**	**ils / elles peuvent**
vouloir	**je veux**	**nous voulons**
wollen	**tu veux**	**vous voulez**
	il / elle veut	**ils / elles veulent**
devoir	**je dois**	**nous devons**
müssen /	**tu dois**	**vous devez**
sollen	**il / elle doit**	**ils / elles doivent**

Die Verben **pouvoir**, **vouloir** und **devoir** sind Modalverben. Sie werden von einem Infinitiv gefolgt:

Tu peux m'aider ? *Kannst du mir helfen?*
Vous voulez passer ? *Wollt ihr vorbeikommen?*
Elle doit arriver demain. *Sie soll morgen ankommen.*

savoir	**je sais**	**nous savons**
wissen /	**tu sais**	**vous savez**
können	**il / elle sait**	**ils / elles savent**

Das Verb **savoir** wird auch im Sinne von *können / fähig sein, etwas zu tun* verwendet. In diesem Fall wird es von einem Infinitiv gefolgt: **Il sait nager.** *Er kann schwimmen.*

croire	**je crois**	**nous croyons**
glauben	**tu crois**	**vous croyez**
	il / elle croit	**ils / elles croient**
voir	**je vois**	**nous voyons**
sehen	**tu vois**	**vous voyez**
	il / elle voit	**ils / elles voient**
connaître	**je connais**	**nous connaissons**
kennen	**tu connais**	**vous connaissez**
	il / elle connaît	**ils / elles connaissent**

§ 20 UNPERSÖNLICHE VERBEN

Unpersönliche Verben werden mit dem unpersönlichen Subjekt **il** gebildet.

- **il faut** + Infinitiv: **Il faut partir.** *Man muss gehen.*
- **il faut** + Substantiv: **Il faut du pain.** *Man braucht Brot.*
- **il y a** + Substantiv: **Il y a une bonne boulangerie.**
  Es gibt eine gute Bäckerei.
- **il y a** + Zeitangabe: **Il y a deux ans.** *Vor zwei Jahren.*
- unpersönliche Redewendungen zum Wetter:
  Il fait chaud. *Es ist warm.*
  Il y a du soleil. *Die Sonne scheint / Es ist sonnig.*
  Il neige. *Es schneit.*

§ 21 PASSÉ COMPOSÉ

Das Passé composé ist eine zusammengesetzte Zeit der Vergangenheit. Es drückt punktuelle, abgeschlossene Ereignisse aus, die zu einem bestimmten Zeitpunkt stattfanden. Es besteht aus dem Hilfsverb im Präsens und dem Participe passé des Verbs.

Participe passé

Die Verben auf -**er** bilden das Participe passé auf **-é**:
demander → demandé *gefragt*.

Die Verben auf **-ir** bilden das Participe passé auf **-i**:
finir → fini *beendet*, **partir → parti** *weggegangen*.

Nur die Verben auf **-dre**, die nach dem Muster von **vendre** konjugiert werden, bilden das Participe passé auf **-u**:
descendre → descendu *ausgestiegen*.

Verben mit unregelmäßigen Formen des Participe passé:

Infinitiv	Partizip	Infinitiv	Partizip
être *sein*	**été**	**connaître** *kennen*	**connu**
avoir *haben*	**eu**	**pouvoir** *können*	**pu**
faire *machen / tun*	**fait**	**venir** *kommen*	**venu**
prendre *nehmen*	**pris**	**savoir** *wissen / können*	**su**
mettre *anzie-hen / legen*	**mis**	**vouloir** *wollen*	**voulu**
		croire *glauben*	**cru**
voir *sehen*	**vu**	**devoir** *müssen / sollen*	**dû**

Passé composé mit avoir

Die meisten Verben bilden das Passé composé mit dem Hilfsverb **avoir**.

> Anders als im Deutschen wird das Passé composé von **être** und **avoir** selbst und der Verben der Bewegungs**art** (**courir** *rennen*, **marcher** *betreten*, **nager** *schwimmen*, **voyager** *reisen*) mit **avoir** gebildet!

j'ai pris	*ich habe genommen*	**nous avons pris**	*wir haben genommen*
tu as pris	*du hast genommen*	**vous avez pris**	*ihr habt genommen / Sie haben genommen*
il / elle a pris	*er / sie hat genommen*	**ils / elles ont pris**	*sie haben genommen*

Das Participe passé bleibt in der Regel unverändert, unabhängig von Geschlecht und Zahl des Subjekts des Satzes:

Nous avons mangé des pommes. *Wir haben Äpfel gegessen.*

Wenn allerdings dem Passé composé mit **avoir** ein direktes Objekt vorausgeht, wird das Participe passé in Geschlecht und Zahl dem direkten Objektpronomen angeglichen:

Tu as invité Marie ? – Oui, je l'ai invitée. *Hast du Marie eingeladen? – Ja, ich habe sie eingeladen.*

Passé composé mit être

Das Participe passé wird in diesem Fall in Geschlecht und Zahl dem Subjekt des Satzes angeglichen, wie ein Adjektiv!

je suis parti(e)	*ich bin weggegangen*	**nous sommes parti(e)s**	*wir sind weggegangen*
tu es parti(e)	*du bist weggegangen*	**vous êtes parti(e)s**	*ihr seid weggegangen / Sie sind weggegangen*
il est parti	*er ist weggegangen*	**ils sont partis**	*sie sind weggegangen*
elle est partie	*sie ist weggegangen*	**elles sont parties**	*sie sind weggegangen*

Mit **être** wird das Passé composé der Verben der Bewegungs**richtung** (**aller** *gehen / fahren,* **arriver** *ankommen,* **venir** *kommen,* **entrer** *hereintreten,* **monter** *einsteigen,* **rester** *bleiben,* **descendre** *aussteigen,* **sortir** *ausgehen,* **partir** *weggehen*) gebildet:

Anders als im Deutschen bilden die Reflexivverben das Passé composé auch mit **être**.

Il s'est habillé. *Er hat sich angezogen.*
Elle s'est levée. *Sie ist aufgestanden.*

Mit avoir oder être?

Manche Verben der Bewegungsrichtung werden je nach Bedeutung mit **avoir** oder **être** gebraucht:

mit direktem Objekt → Passé composé mit **avoir**	ohne direktes Objekt → Passé composé mit **être**
Elle a sorti la poubelle. *Sie hat den Müll rausgebracht.*	**Elle est sortie dehors.** *Sie ist hinausgegangen.*
Il a passé le bac. *Er hat das Abi gemacht.*	**Il est passé devant.** *Er ist vorgegangen.*

§ 22 IMPARFAIT

Das Imparfait ist eine einfache Zeit der Vergangenheit.
An den Stamm der 1. Person Plural Präsens (z. B. **nous cherchons** *wir suchen*) werden die Endungen des Imparfaits **-ais, -ais, -ait, -ions, -iez, -aient** angehängt.

je cherchais	*ich suchte*	**nous cherchions**	*wir suchten*
tu cherchais	*du suchtest*	**vous cherchiez**	*ihr suchtet / Sie suchten*
il / elle cherchait	*er / sie suchte*	**ils / elles cherchaient**	*sie suchten*

Dieses Mal gibt es nur eine Ausnahme bei dem Verb **être**:

j'étais	*ich war*	**nous étions**	*wir waren*
tu étais	*du warst*	**vous étiez**	*ihr wart / Sie waren*
il / elle était	*er / sie war*	**ils / elles étaient**	*sie waren*

Das Imparfait wird verwendet, um Situationen zu beschreiben oder um Gewohnheiten zu schildern, während das Passé composé (§ 21) eher punktuelle abgeschlossene Ereignisse beschreibt:

Il faisait beau, il y avait du soleil et je me reposais.
Es war schönes Wetter, die Sonne schien und ich ruhte mich aus.

J'étais dehors et j'ai pris froid. *Ich war draußen und ich habe mich verkühlt.*

Quand il est arrivé, je travaillais déjà. *Als er kam, arbeitete ich schon.*

§ 23 DAS FUTUR COMPOSÉ

Das Futur composé drückt ein Vorhaben oder eine Absicht aus. Es wird in der gesprochenen Sprache bevorzugt. Es besteht aus dem Verb **aller** im Präsens und einem Infinitiv:

je vais travailler	*ich werde arbeiten*	**nous allons travailler**	*wir werden arbeiten*
tu vas travailler	*du wirst arbeiten*	**vous allez travailler**	*ihr werdet arbeiten / Sie werden arbeiten*
il / elle va travailler	*er / sie wird arbeiten*	**ils / elles vont travailler**	*sie werden arbeiten*

§ 24 FUTUR SIMPLE

Neben dem Futur composé gibt es das Futur simple, eine einfache Zeit der Zukunft, die eher eine Vorhersage ausdrückt. Es wird in der Schriftsprache bevorzugt. Oft können jedoch Futur simple und Futur composé gleichwertig benutzt werden.

Im Deutschen wird diese Zukunftform oft mit dem Präsens wiedergegeben!

Für die Verben auf **-er, -re, -ir** werden an das **-r** des Infinitivs die Endungen: **-ai, -as, -a, -ons, -ez, -ont** angehängt:

je travaillerai	*ich werde arbeiten*	**nous travaillerons**	*wir werden arbeiten*
tu travailleras	*du wirst arbeiten*	**vous travaillerez**	*ihr werdet / Sie werden arbeiten*
il / elle travaillera	*er / sie wird arbeiten*	**ils / elles travailleront**	*sie werden arbeiten*

parti**r** → je parti**rai** *ich werde weggehen*
prend**re** → je prend**rai** *ich werde nehmen.*

Für die Verben auf **-er** mit Stammveränderung werden die Endungen **-rai, ras, -ra, -rons, -rez, -ront** an die 1. Person Singular Präsens (**j'achète** *ich kaufe*) angehängt: **j'achèterai**.

Bei den unregelmäßigen Verben ändert sich meist der Verbstamm:

Infinitiv	Futur simple	Infinitiv	Futur simple
être *sein*	**je serai**	**pouvoir** *können / dürfen*	**je pourrai**
avoir *haben*	**j'aurai**	**venir** *kommen*	**je viendrai**
faire *machen / tun*	**je ferai**	**devoir** *müssen / sollen*	**je devrai**
aller *gehen / fahren*	**j'irai**	**savoir** *wissen / können*	**je saurai**
vouloir *wollen*	**je voudrai**	**voir** *sehen*	**je verrai**

§ 25 IMPERATIV

Der Gebrauch des Imperativs entspricht dem des deutschen Imperativs. Die Formen werden aus dem Präsens wie folgt abgeleitet:

1. Person Sing. Präsens → Du-Form des Imperativs
1. und 2. Person Pl. Präsens → Plural-Form des Imperativs.

manger *essen*	**mange**	**mangeons**	**mangez**
choisir *wählen*	**choisis**	**choisissons**	**choisissez**
prendre *nehmen*	**prends**	**prenons**	**prenez**

Unregelmäßige Formen haben die Verben: **avoir** *haben* (**aie, ayons, ayez**) und **être** *sein* (**sois, soyons, soyez**).

§ 26 DIE VERNEINUNG

Die Verneinung wird mit **ne... pas** *nicht / kein* gebildet und umschließt das konjugierte Verb bzw. das Hilfsverb. Vor Vokal oder stummem **h** wird **ne** apostrophiert zu **n'**:

Je ne travaille pas. *Ich arbeite nicht.*
Je n'ai pas travaillé hier. *Ich habe gestern nicht gearbeitet.*

In der gesprochenen Sprache entfällt oft das **ne**:

Je parle pas français. *Ich spreche kein Französisch.*

Wenn **un / une / des** + Substantiv oder der Teilungsartikel verneint wird, steht stattdessen **ne... pas de**:

Vous avez un jardin ? – Non, nous n'avons pas de jardin.
Habt ihr einen Garten? – Nein, wir haben keinen Garten.

Tu prends du fromage ? – Non, je ne prends pas de fromage.
Nimmst du Käse? – Nein, ich nehme keinen Käse.

Die Verneinung umschließt das Pronomen und das konjugierte Verb bzw. Hilfsverb:

Tu vois ton frère ? – Non, je ne le vois pas. *Siehst du deinen Bruder? – Nein, ich sehe ihn nicht.*

Tu as vu mon frère ? – Non, je ne l'ai pas vu. *Hast du meinen Bruder gesehen? – Nein, ich habe ihn nicht gesehen.*

Wenn das Verb einen Infinitiv nach sich zieht, steht das Pronomen außerhalb der Verneinung vor dem Infinitiv:

Je ne vais pas lui téléphoner. *Ich werde sie / ihn nicht anrufen.*

Weitere Verneinungsformen sind:

ne... jamais	*nie*	**ne... pas du tout**	*überhaupt nicht*
ne... pas tellement	*nicht sehr*	**ne... plus**	*nicht mehr*

ne... rien / rien... ne	*nichts*	**ne... personne / personne... ne**	*niemand*

Vorsicht! **Je ne connais personne.** *Ich kenne niemand.*

§ 27 FRAGESÄTZE

Im Französischen gibt es drei Möglichkeiten, Fragen zu stellen, alle haben dieselbe Bedeutung. Allerdings hängt es vom Sprachniveau ab.

Betonungsfragen

Sie werden in der gesprochenen und der Umgangssprache bevorzugt. Anhand des Aussagesatzes wird die Stimme am Satzende angehoben. In der gesprochenen Sprache ist auch die Nachstellung des Fragepronomens möglich:

Vous aimez les pommes ? *Mögen Sie Äpfel?*
Tu habites où ? *Wo wohnst du?*

Fragen mit est-ce que

Sie werden sowohl in der gesprochenen als auch in der geschriebenen Sprache verwendet. Der Zusatz **est-ce que** dient nur zur Fragestellung. Danach ist die Wortfolge wie im Aussagesatz:

Fragepronomen (wenn vorhanden) + **est-ce que** + Subjekt + Verb ...?

Vor Vokalen und stummem **h** wird **est-ce que** auch apostrophiert zu **est-ce qu'**:

Est-ce que vous aimez les pommes ? *Mögen Sie Äpfel?*
Quand est-ce qu'il vient ? *Wann kommt er?*

Inversionsfragen

Man findet sie eher in der gehobenen oder in der Schriftsprache. Wie im Deutschen werden Verb und Subjekt vertauscht:

Fragepronomen (wenn vorhanden) + Verb + Bindestrich + Subjekt ...?

Aimez-vous les pommes ? *Mögen Sie Äpfel?*
Comment allez-vous ? *Wie geht es Ihnen?*

Wenn die Verbform auf -**e** oder -**a** endet, tritt bei **il / elle / on** zwischen Verb und Subjektpronomen ein **-t-**:

Aime-t-elle le fromage ? *Mag sie Käse?*

§ 28 GRUNDZAHLEN

0	**zéro**	10	**dix**
1	**un(e)**	11	**onze**
2	**deux**	12	**douze**
3	**trois**	13	**treize**
4	**quatre**	14	**quatorze**
5	**cinq**	15	**quinze**
6	**six**	16	**seize**
7	**sept**	17	**dix-sept**
8	**huit**	18	**dix-huit**
9	**neuf**	19	**dix-neuf**

20	**vingt**	60	**soixante**
21	**vingt et un(e)**	70	**soixante-dix**
22	**vingt-deux**	71	**soixante et onze**
30	**trente**	80	**quatre-vingts**
31	**trente et un(e)**	81	**quatre-vingt-un(e)**
40	**quarante**	90	**quatre-vingt-dix**
50	**cinquante**	91	**quatre-vingt-onze**

100	**cent**	1 000	**mille**
101	**cent un(e)**	10 000	**dix mille**
200	**deux cents**	1 000 000	**un million**
201	**deux cent un(e)**	2 000 000	**deux millions**

Der Zehner und der Einer werden durch einen Bindestrich verbunden. Ausgenommen bei den Zahlen mit eins. Sie bestehen aus dem Zehner + **et** + **un / onze**:
vingt et un(e) (21), **soixante et onze** (71).

Von 70 bis 79 wird addiert: 70 = 60+10.
80 wird aus einer Multiplikation gebildet: 80 = 4x20.
Danach wird multipliziert und addiert: 90 = 4x20+10!

§ 29 DATUM

Nur beim ersten Tag im Monat verwendet man im Französischen eine Ordnungszahl wie im Deutschen. Ansonsten werden die Grundzahlen (§27) verwendet.

Vorsicht! Datumsangaben werden mit **être** eingeführt:
On est le 1er mai. *Wir haben den 1. Mai.*
Nous sommes le 14 avril. *Wir haben den 14. April.*

 30 UHRZEIT

Im Französischen geht man erst **nach** der halben Stunde von der nächsten Stunde aus.

15h	**Il est trois heures.**
15h05	**Il est trois heures cinq.**
15h10	**Il est trois heures dix.**
15h15	**Il est trois heures et quart.**
15h20	**Il est trois heures vingt.**
15h25	**Il est trois heures vingt-cinq.**
15h30	**Il est trois heures et demie.**
15h35	**Il est quatre heures moins vingt-cinq.**
15h40	**Il est quatre heures moins vingt.**
15h45	**Il est quatre heures moins le quart.**
15h50	**Il est quatre heures moins dix.**
15h55	**Il est quatre heures moins cinq.**
00h00	**Il est minuit.**
12h00	**Il est midi.**

Die offizielle Uhrzeit wird wie im Deutschen angegeben:
Il est treize heures vingt-cinq. *Es ist 13 Uhr 25.*

Um eine Uhrzeit anzugeben, wird die Präposition **à** verwendet:
à cinq heures *um 5 Uhr.*

2 WORTSCHATZ

ALLGEMEIN

	oui	*ja*
	non	*nein*
	un(e)	*ein(e)*
	des	*unbest. Art. Pl*
	le / l'	*der; ihn*
	la / l'	*die; sie*
	les	*die; sie*
	mais	*aber*
	et	*und*
	comme	*als, wie*
	depuis	*seit*
	pendant (que)	*während*
	pour	*für*
	entre	*zwischen*
	quand même	*trotzdem*
	peut-être	*vielleicht*
	bien sûr	*na klar; selbstverständlich*
	malheureusement	*leider*
	souvent	*oft*
	longtemps	*lange*
	toujours	*immer*
	encore	*(immer) noch*
	vraiment	*wirklich*
	aussi	*auch*
	très	*sehr*
	un peu	*ein bisschen*
	assez	*genug*
	aujourd'hui	*heute*
	là-bas	*dort*
	tout(e)	*ganz*
	super	*toll*
	être	*sein*
	avoir	*haben*
	faire	*machen, tun*
	comprendre	*verstehen*
	pouvoir	*können; dürfen*
	devoir	*müssen; sollen*
	vouloir	*wollen; mögen*
	croire	*glauben*
	ne... pas	*nicht*
	combien	*wie viel(e)*
	quand	*wann*
	comment	*wie*
	quoi	*was*

1 PERSONALIEN - SICH VORSTELLEN

	Madame	*Frau*
	Monsieur	*Herr*
	Mademoiselle	*Fräulein*
l'	**homme (m)**	*Mann*
la	**femme**	*Frau*
	jeune	*jung*
le	**garçon**	*Junge*
la	**fille**	*Mädchen*
le / la	**voisin(e)**	*Nachbar(in)*
l'	**ami(e)**	*Freund(in)*
le / la	**cousin(e)**	*Cousin(e)*
le	**formulaire**	*Formular*
le	**passeport**	*Reisepass*
le	**papier**	*Papier*
le	**stylo**	*Kuli*
le	**prénom**	*Vorname*
le	**nom**	*Name*
la	**signature**	*Unterschrift*
l'	**adresse (f)**	*Adresse*
la	**rue**	*Straße*
la	**ville**	*Stadt*
le	**pays**	*Land*
	célibataire	*ledig*
	marié(e)	*verheiratet*
	divorcé(e)	*geschieden*
	veuf, veuve	*verwitwet*

2 SICH BEGRÜSSEN

	Bonjour !	*Guten Tag! / Guten Morgen!*
	Bonsoir !	*Guten Abend!*
	Au revoir !	*Auf Wiedersehen! / Auf Wiederhören!*
	Salut !	*Hallo! / Tschüs!*
	À plus (tard) !	*Bis später!*
	Bonne journée !	*Schönen Tag!*
	Bonne soirée !	*Schönen Abend!*
	Ça va ?	*Wie geht's?*
	Comment ça va ?	*Wie geht's?*
	Très bien.	*Sehr gut.*
	Ça va !	*Gut!*
	Ça va bien.	*Mir geht es gut.*
	enchanté(e)	*erfreut*
la	**bise**	*Küsschen*

3 AUSSEHEN

	grand(e)	*groß*
	petit(e)	*klein*
	gros(se)	*dick*
	mince	*dünn*
	joli(e)	*hübsch*
	laid(e)	*hässlich*
	brun(e)	*dunkelhaarig*
	blond(e)	*blond*

	roux, rousse	*rothaarig*
	frisé(e)	*lockig*
	intéressant(e)	*interessant*
	ennuyant(e)	*langweilig*
	content(e)	*glücklich, zufrieden*
	triste	*traurig*
	intelligent(e)	*intelligent*
	bête	*blöd*
	gentil(le)	*nett*
	méchant(e)	*gemein*
la	**barbe**	*Bart*
les	**lunettes (fPl)**	*Brille*

4 PERSÖNLICHE UND SOZIALE KONTAKTE

l'	**apéritif (m)**	*Aperitif*
l'	**apéro (ugs.)**	*Aperitif*
le	**pastis**	*alkoholisches Anisgetränk*
le	**kir**	*Weißwein mit Likör*
le	**porto**	*Portwein*
l'	**amuse-gueule (m)**	*Häppchen*
la	**cacahuète**	*Erdnuss*
le	**calendrier**	*Kalender*
le	**soir**	*Abend*
	avoir le temps	*Zeit haben*
	là	*da*
	pourquoi	*warum*
	D'accord !	*Einverstanden!*
	passer	*vorbeikommen*
	inviter	*einladen*
	regarder	*sehen*
	penser	*denken*
	téléphoner	*telefonieren, anrufen*
	s'appeler	*heißen*
	travailler	*arbeiten*
l'	**année (f)**	*Jahr*
	où	*wo, wohin*
	d'où	*woher*
	quel âge	*wie alt*
le	**père**	*Vater*
la	**mère**	*Mutter*
le	**fils**	*Sohn*
la	**fille**	*Tochter*
le	**grand-père**	*Großvater*
la	**grand-mère**	*Großmutter*
le	**petit-fils**	*Enkel*
la	**petite-fille**	*Enkelin*
l'	**oncle (m)**	*Onkel*
la	**tante**	*Tante*

5 KORRESPONDENZ

	cher, chère	*lieber, liebe*
	grosses bises	*herzliche Grüße*
	amitiés	*liebe Grüße*
	ça (ugs.)	*es*
	Ça me plaît.	*Das gefällt mir.*
	bien	*gut; schön*
	beaucoup	*viel*
	adorer	*lieben*
	détester	*hassen*
	Je ne sais pas.	*Ich weiß (es) nicht.*
	demander	*fragen*
	se dépêcher	*sich beeilen*
	se regarder	*sich anschauen*
	s'appeler	*anrufen*
le	**portable**	*Handy*
le	**bar**	*Bar; Kneipe*
la	**région**	*Region*
la	**côte**	*Küste*
le	**temps**	*Zeit*
	charmant(e)	*charmant*
la	**femme**	*Ehefrau*

6 ESSEN UND TRINKEN

le	**petit-déjeuner**	*Frühstück*
le	**croissant**	*Croissant*
la	**tartine**	*Butterbrot*
le	**pain**	*Brot*
le	**beurre**	*Butter*
le	**café**	*Kaffee*
le	**déjeuner**	*Mittagessen*
le	**dîner**	*Abendessen*
	Bon appétit !	*Guten Appetit!*
	À table !	*Zu Tisch!*
	C'est bon.	*Das schmeckt gut.*
	avoir faim	*Hunger haben*
	avoir soif	*Durst haben*
	manger	*essen*
la	**spécialité**	*Spezialität*
la	**potée**	*Eintopfgericht*
l'	**omelette (f)**	*Omelett*
la	**viande**	*Fleisch*
l'	**eau (f)**	*Wasser*
la	**limonade**	*Limonade*
la	**grenadine**	*mit Zucker gesüßter Sirup*
l'	**orangeade (f)**	*Orangenlimonade*
	passer	*reichen*
	tiens	*hier ist es*
	il y a	*es gibt*
	avec	*mit*

	s'il te plaît	*bitte (wenn man die Person duzt)*
	s'il vous plaît	*bitte (bei mehreren Personen oder Höflichkeitsform)*
	Merci.	*Danke.*
	De rien.	*Bitte. / Gern geschehen.*

7 IM RESTAURANT

	réserver	*reservieren*
la	**table**	*Tisch*
la	**personne**	*Person*
	à quel nom ?	*auf welchen Namen?*
	suivre	*mit- / nachkommen*
le	**couvert**	*Besteck; Personen*
le	**couteau**	*Messer*
la	**fourchette**	*Gabel*
la	**cuillère**	*Löffel*
l'	**assiette (f)**	*Teller*
le	**verre**	*Glas*
la	**carafe**	*Karaffe*
la	**boisson**	*Getränk*
le	**vin**	*Wein*
le	**vin rouge**	*Rotwein*
le	**vin blanc**	*Weißwein*
	Santé !	*Prost!*
	À tes / vos souhaits !	*Gesundheit!*
	désirer	*wünschen*
	prendre	*nehmen*
le	**menu**	*Menü*
le	**menu du jour**	*Tagesmenü*
la	**carte**	*Speisekarte*
l'	**entrée (f)**	*Vorspeise*
le	**hors d'œuvre (m)**	*Vorspeise*
les	**crudités (fPl)**	*Salatteller*
la	**salade (niçoise)**	*(gemischter) Salat*
la	**soupe**	*Suppe*
le	**plat principal**	*Hauptgericht*
le	**bifteck**	*Steak*
les	**frites (fPl)**	*Pommes*
le	**coq au vin**	*Hähnchen in Rotweinsoße*
le	**fromage**	*Käse*
le	**plateau de fromage**	*Käseplatte*
le	**dessert**	*Nachtisch*
la	**crêpe**	*Pfannkuchen*
le	**gâteau**	*Kuchen*
la	**mousse au chocolat**	*Schokoladenmousse*

8 EINKAUFEN

l'	**hypermarché (m)**	*großer Supermarkt*
la	**boulangerie**	*Bäckerei*
la	**boucherie**	*Metzgerei*
la	**bijouterie**	*Juweliergeschäft*
la	**pâtisserie**	*Konditorei*
l'	**épicerie (f)**	*Lebensmittelgeschäft*
le	**magasin de sport**	*Sportgeschäft*
le	**magasin de vêtements**	*Bekleidungsgeschäft*
le	**magasin de chaussures**	*Schuhgeschäft*
le	**marché**	*Markt*
	je voudrais	*ich möchte*
	donner	*geben*
	acheter	*kaufen*
la	**monnaie**	*Kleingeld; Rückgeld*
	cher, chère	*teuer*
	trop cher	*zu teuer*
les	**fruits (mPl)**	*Obst*
la	**fraise**	*Erdbeere*
la	**pomme**	*Apfel*
la	**tomate**	*Tomate*
la	**banane**	*Banane*
l'	**orange (f)**	*Apfelsine*
la	**poire**	*Birne*
le	**steak**	*Steak*
la	**pomme de terre**	*Kartoffel*
la	**patate (ugs.)**	*Kartoffel*
la	**carotte**	*Möhre*
le	**champignon**	*Pilz*
les	**pâtes (fPl)**	*Nudeln*
le	**sucre**	*Zucker*
l'	**huile (f)**	*Öl*
le	**paquet**	*Päckchen*
le	**kilo**	*Kilo*
la	**livre**	*Pfund*
le	**litre**	*Liter*
le	**mètre**	*Meter*
le	**tissu**	*Stoff*

9 STÄDTE

la	**carte**	*Karte*
le	**nord**	*Norden*
le	**sud**	*Süden*
l'	**est (m)**	*Osten*

l'	**ouest (m)**	*Westen*
la	**capitale**	*Hauptstadt*
la	**ville**	*Stadt*
l'	**habitant(e)**	*Einwohner(in)*
la	**province**	*Provinz*
	se trouver	*sich befinden*
	plus... que	*mehr ... als*
	aussi... que	*so ... wie*
	moins... que	*weniger ... als*
la	**moutarde**	*Senf*

10 AUF DEM LAND

l'	**Hexagone (m)**	*Sechseck*
le	**paysage**	*Landschaft*
la	**nature**	*Natur*
la	**plage**	*Strand*
la	**mer**	*Meer*
la	**montagne**	*Berg, Gebirge*
le	**sommet**	*Gipfel*
le	**Jura**	*Juragebirge*
la	**plaine**	*Tal*
la	**colline**	*Hügel*
le	**ruisseau**	*Bach*
la	**rivière**	*kleiner Fluss*
le	**fleuve**	*großer Fluss*
l'	**animal (m)**	*Tier*
le	**chien**	*Hund*
le	**cheval**	*Pferd*
le	**chat**	*Katze*
le	**cochon**	*Schwein*
l'	**éléphant (m)**	*Elefant*
la	**girafe**	*Giraffe*
le	**tigre**	*Tiger*
le	**poisson**	*Fisch*
l'	**oiseau (m)**	*Vogel*
	connaître	*kennen*
	partir	*wegfahren*
	rester	*bleiben*
	passer	*verbringen*
l'	**enfant (m / f)**	*Kind*
	à la campagne	*auf dem Land*
	en ville	*in der Stadt*
la	**ferme**	*Bauernhof*

11 WEGBESCHREIBUNG

le	**gîte (d'étape)**	*Berghütte*
la	**carte**	*Plan; Karte*
le	**plan de la ville**	*Stadtplan*
l'	**office (m) de tourisme**	*Fremdenverkehrsamt*
l'	**information (f)**	*Information*
le	**musée**	*Museum*
la	**poste**	*Post*
l'	**église (f)**	*Kirche*
la	**mairie**	*Rathaus*
	savoir	*wissen*
	se trouver	*sich befinden*
	pardon	*Entschuldigung*
	traverser	*überqueren*
	continuer	*weitergehen; fortfahren*
	tourner	*abbiegen*
	sortir	*herausfahren; ausgehen*
	à droite	*rechts*
	à gauche	*links*
	tout droit	*geradeaus*
	toutes directions	*alle Richtungen*
le	**carrefour**	*Kreuzung*
le	**feu**	*Ampel*
la	**sortie**	*Ausfahrt*
	prochain(e)	*nächste(r, s)*
	devant	*vor*
	en face de	*gegenüber*
	derrière	*hinter*
	à côté de	*neben*
	finir	*beenden*
	choisir	*wählen*

12 REISE UND VERKEHR

la	**gare**	*Bahnhof*
le	**billet**	*Fahrkarte*
	(non-)fumeur	*(Nicht)Raucher*
le	**train**	*Zug*
l'	**avion (m)**	*Flugzeug*
l'	**aéroport (m)**	*Flughafen*
le	**bus**	*Bus*
le	**bateau**	*Schiff, Boot*
le	**vélo**	*Fahrrad*
le	**métro**	*U-Bahn*
la	**voiture**	*Auto*
le	**tram(way)**	*Straßenbahn*
le	**taxi**	*Taxi*
	aller	*fahren; gehen*
	aller en avion	*fliegen*
	arriver	*ankommen*
le	**péage**	*Mautstellen an der Autobahn*
le	**rond-point**	*Kreisverkehr*
la	**minute**	*Minute*
l'	**heure (f)**	*Stunde; Uhr*
la	**seconde**	*Sekunde*
	minuit	*Mitternacht*
	midi	*Mittag*

2

WORTSCHATZ

13 UNTERKUNFT

la	**location**	*Vermietung*
la	**maison**	*Haus*
l'	**immeuble (m)**	*Gebäude*
le	**gîte (d'étape)**	*Berghütte*
l'	**hôtel (m)**	*Hotel*
la	**tente**	*Zelt*
la	**caravane**	*Wohnwagen*
le	**camping-car**	*Wohnmobil*
le	**camping**	*Campingplatz*
la	**réservation**	*Reservierung*
	chercher	*suchen*
	attendre	*warten*
la	**nuit**	*Nacht*
	libre	*frei*
la	**vue**	*Blick, Ausblick*
	compris(e)	*im Preis inbegriffen*
	accepter	*(an)nehmen; akzeptieren*
la	**carte de crédit**	*Kreditkarte*
	coûter	*kosten*
la	**clé**	*Schlüssel*
la	**chambre d'hôte**	*Fremdenzimmer*
la	**chambre d'hôtel**	*Hotelzimmer*
la	**chambre individuelle**	*Einzelzimmer*
la	**chambre double**	*Doppelzimmer*
les	**lits jumeaux (mPl)**	*getrennte Betten (wörtlich: Zwillingsbetten)*
le	**grand lit**	*Doppelbett*
le	**traversin**	*Nackenrolle*
l'	**armoire (f)**	*Schrank*
le	**téléphone**	*Telefon*
la	**télévision**	*Fernseher*
la	**télécommande**	*Fernbedienung*
l'	**oreiller (m)**	*Kopfkissen*
le	**lavabo**	*Waschbecken*
la	**douche**	*Dusche*
la	**serviette de bain**	*Handtuch*

14 FERIEN

	préparer	*vorbereiten*
	emmener	*mitnehmen*
les	**bagages (mPl)**	*Gepäck*
la	**valise**	*Koffer*
le	**sac à dos**	*Rucksack*
les	**vacances (fPl)**	*Ferien; Urlaub*
la	**semaine**	*Woche*
	commencer	*beginnen*
	partir en vacances	*in Urlaub fahren*
	passer du temps	*Zeit verbringen*
	se lever	*aufstehen*
	venir	*kommen*
	sortir en boîte (ugs.)	*in die Disko gehen*
	se promener	*spazieren gehen*
	visiter	*besichtigen; besuchen*
l'	**île (f)**	*Insel*
le	**ferry(-boat)**	*Fähre*
	descendre	*aussteigen*
le	**Sud**	*Südfrankreich*
	magnifique	*wunderschön*
	avoir de la chance	*Glück haben*

15 EINE REISE PLANEN

	Bon voyage !	*Gute Reise!*
l'	**Allemagne (f)**	*Deutschland*
l'	**Italie (f)**	*Italien*
la	**Suède**	*Schweden*
la	**Suisse**	*Schweiz*
le	**Portugal**	*Portugal*
les	**Pays-Bas (mPl)**	*Niederlande*
la	**France**	*Frankreich*
l'	**Autriche (f)**	*Österreich*
l'	**Espagne (f)**	*Spanien*
la	**Grande Bretagne**	*Großbritannien*
la	**Belgique**	*Belgien*
le	**Japon**	*Japan*
	venir de faire qc	*etwas gerade getan haben*
	venir de…	*aus … kommen*
	d'où	*woher*
	en	*in; nach*
l'	**agence (f) de voyage**	*Reisebüro*
	demain	*morgen*
le	**matin**	*Vormittag*
l'	**après-midi (m)**	*Nachmittag*
le	**soir**	*Abend*
le	**lundi**	*Montag*
le	**mardi**	*Dienstag*
le	**mercredi**	*Mittwoch*
le	**jeudi**	*Donnerstag*
le	**vendredi**	*Freitag*
le	**samedi**	*Samstag*
le	**dimanche**	*Sonntag*
le	**week-end**	*Wochenende*
	janvier	*Januar*
	février	*Februar*
	mars	*März*
	avril	*April*

	mai	*Mai*
	juin	*Juni*
	juillet	*Juli*
	août	*August*
	septembre	*September*
	octobre	*Oktober*
	novembre	*November*
	décembre	*Dezember*
le	**premier**	*erster*

16 FREIZEIT

le	**passe-temps**	*Freizeitbeschäftigung*
	lire	*lesen*
le	**jeu de cartes**	*Kartenspiel*
la	**piscine**	*Schwimmbad*
le	**restaurant**	*Restaurant*
le	**sport**	*Sport*
	sportif, sportive	*sportlich*
	faire du footing	*joggen*
	faire de la natation	*schwimmen*
	faire du tennis	*Tennis spielen*
	faire du foot	*Fußball spielen*
	faire de la danse	*tanzen*
	faire de l'équitation	*reiten*
	jouer du piano	*Klavier spielen*
le	**piano**	*Klavier*
la	**guitare**	*Gitarre*
le	**violon**	*Geige*
la	**flûte**	*Flöte*
la	**batterie**	*Schlagzeug*
le	**salon**	*Messe*

17 KULTUR UND UNTERHALTUNG

l'	**opéra (m)**	*Oper*
la	**chanson**	*Lied*
le	**jazz**	*Jazz*
le	**folk**	*Folk-Musik*
le	**rock**	*Rock*
le	**ballet**	*Ballett*
le	**concert**	*Konzert*
le	**spectacle**	*Event; Aufführung*
	voir	*(an)sehen*
le	**chanteur**	*Sänger*
	trouver	*finden*
	aimer	*gerne mögen*
	préférer	*lieber mögen; bevorzugen*
le	**cinéma**	*Kino*
la	**séance**	*Vorführung*
le	**théâtre**	*Theater*
le	**musée**	*Museum*
	prochain(e)	*nächste(r, s)*
	exactement	*genau*
	sûrement	*sicherlich*
	lentement	*langsam*
	probablement	*wahrscheinlich*
	à	*in / ins / im; nach*
	dans	*in / ins / im*
	en	*in / im; nach*
	chez	*bei; zu*
l'	**idée (f)**	*Idee*
le	**rendez-vous**	*Termin, Verabredung*

18 WETTER UND UMWELTSCHUTZ

l'	**écologie (f)**	*Ökologie*
l'	**environnement (m)**	*Umwelt*
	pollué(e)	*verschmutzt*
la	**pollution**	*Umweltverschmutzung*
la	**poubelle**	*Mülleimer*
les	**ordures (fPl)**	*Müll*
	protéger	*schützen*
	respecter	*respektieren; beachten*
	trier	*sortieren*
	jeter	*wegwerfen*
	s'intéresser	*sich interessieren*
	important(e)	*wichtig*
le	**temps**	*Wetter*
	il pleut	*es regnet*
	il fait chaud	*es ist warm*
	il fait très chaud	*es ist heiß*
	il fait froid	*es ist kalt*
	il neige	*es schneit*
	nuageux	*wolkig*
le	**printemps**	*Frühling*
l'	**été (m)**	*Sommer*
l'	**automne (m)**	*Herbst*
l'	**hiver (m)**	*Winter*
	quel(le)	*welche(r, s)*
la	**date**	*Datum*
le	**voyage**	*Reise*

19 KLEIDUNG

le	**costume**	*Anzug*
le	**tailleur**	*Kostüm*
le	**pantalon**	*Hose*

la	**chemise**	*Bluse; Hemd*
le	**pull**	*Pulli*
la	**veste**	*Jacke*
la	**jupe**	*Rock*
la	**robe**	*Kleid*
le	**t-shirt**	*T-Shirt*
la	**chaussure**	*Schuh*
la	**paire**	*Paar*
la	**couleur**	*Farbe*
	jaune	*gelb*
	blanc, blanche	*weiß*
	noir(e)	*schwarz*
	rouge	*rot*
	vert(e)	*grün*
	gris(e)	*grau*
	orange	*orange*
	marron	*braun*
	bleu(e)	*blau*
	bleu clair	*hellblau*
	bleu foncé	*dunkelblau*
	aider	*helfen*
	essayer	*anprobieren*
la	**taille**	*(Konfektions) Größe*
la	**pointure**	*Schuhgröße*
la	**cabine d'essayage**	*Umkleidekabine*
	Ça vous / te va bien.	*Es steht / passt Ihnen / dir gut.*
le/la	**client(e)**	*Kunde, Kundin*
le	**vendeur**	*Verkäufer*

20 WOHNEN

le	**mas**	*Bauernhof in der Provence*
l'	**appartement (m)**	*Wohnung*
la	**maison**	*Haus*
le	**jardin**	*Garten*
l'	**escalier (m)**	*Treppe*
le	**rez-de-chaussée**	*Erdgeschoss*
l'	**étage (m)**	*Stockwerk*
le	**balcon**	*Balkon*
la	**terrasse**	*Terrasse*
la	**cave**	*Keller*
le	**salon**	*Couchecke*
la	**cuisine**	*Küche*
la	**salle de bains**	*Badezimmer*
les	**toilettes (fPl)**	*Toilette*
la	**chambre**	*Schlafzimmer*
la	**chambre d'enfants**	*Kinderzimmer*
la	**chambre d'amis**	*Gästezimmer*
le	**bureau**	*Arbeitszimmer; Büro*
la	**pièce**	*Zimmer, Raum*
le	**lit**	*Bett*
la	**lampe**	*Lampe*
l'	**armoire (f)**	*Schrank*
l'	**ordinateur**	*Computer*
la	**télé (ugs.)**	*Fernseher*
le	**canapé**	*Sofa*
la	**baignoire**	*Badewanne*
la	**douche**	*Dusche*
la	**clé**	*Schlüssel*
	habiter	*wohner*
	trouver	*finden*
	louer	*mieten, vermieten*
	mettre	*stellen, legen*
la	**bouteille de vin**	*Weinflasche*
la	**semaine**	*Woche*

21 BERUF UND ARBEIT

la	**vie**	*Leben*
le	**travail**	*Arbeit*
le	**métier**	*Beruf*
le	**boulot (ugs.)**	*Beruf*
le	**poste**	*(Arbeits)Stelle*
le/la	**collègue**	*Kollege, Kollegin*
le	**boulanger**	*Bäcker*
l'	**architecte**	*Architekt*
le	**photographe**	*Fotograf*
le	**vendeur**	*Verkäufer*
le	**docteur**	*Arzt*
le	**pilote**	*Pilot*
le	**serveur**	*Ober; Kellner*
le	**professeur**	*Lehrer*
le	**cuisinier**	*Koch*
le	**technicien**	*Techniker*
le	**coiffeur**	*Frisör*
l'	**ouvrier (m)**	*(Fabrik)Arbeiter*
la	**secrétaire**	*Sekretär*
le	**dentiste**	*Zahnarzt*
l'	**hôpital (m)**	*Krankenhaus*
	nouveau, nouvel, nouvelle	*neu*
	proposer	*anbieten; vorschlagen*
	demander	*fragen*
	téléphoner	*anrufen*
	réserver	*buchen*
	demain	*morgen*
	hier	*gestern*

22 INFORMATIONSWELT

le	**magazine**	*Magazin*
la	**presse people**	*Klatschpresse*

le	**livre**	*Buch*
	regarder la télé (ugs.)	*fernsehen*
la	**télé (ugs.)**	*Fernseher*
	écrire	*schreiben*
la	**lettre**	*Brief*
	écouter	*hören*
la	**radio**	*Radio*
	imprimer	*drucken*
l'	**ordinateur (m)**	*Computer*
l'	**Internet (m)**	*Internet*
le	**net**	*Netz*
le	**web**	*Web*
	connecter	*anschließen*
	surfer	*surfen*
	naviguer	*surfen*
l'	**e-mail (m)**	*E-Mail*
	chatter	*chatten*
le	**chat**	*Chat*
le	**jeu**	*Spiel*
	jouer	*spielen*
	cassé(e)	*kaputt*

23 BEHÖRDEN

les	**objets trouvés (mPl)**	*Fundbüro*
la	**fourrière**	*Abschleppdienst*
la	**mairie**	*Rathaus*
la	**gendarmerie**	*Polizei*
la	**police**	*Polizei*
la	**poste**	*Post*
la	**préfecture**	*Präfektur*
	appeler	*anrufen*
	expliquer	*erklären*
	perdre	*verlieren*
	voler	*stehlen*
	se passer	*geschehen*
	porter plainte	*Anzeige erstatten*
le/la	**témoin**	*Zeuge, Zeugin*
la	**carte bancaire**	*Bankkarte*
le	**sac à main**	*Handtasche*
	courageux, courageuse	*mutig*
	avoir peur	*Angst haben*
la	**foule**	*Menge*

24 KÖRPER UND KÖRPERTEILE

la	**main**	*Hand*
le	**bras**	*Arm*
la	**jambe**	*Bein*
la	**dent**	*Zahn*
le	**pied**	*Fuß*
la	**tête**	*Kopf*
la	**gorge**	*Hals*
l'	**oreille (f)**	*Ohr*
le	**dos**	*Rücken*
l'	**œil (m)**	*Auge*
les	**yeux (mPl)**	*Augen*
la	**langue**	*Zunge*
le	**cœur**	*Herz*
le	**nez**	*Nase*
la	**bouche**	*Mund*
	propre	*sauber*
	sale	*schmutzig*
	se brosser les dents	*sich die Zähne putzen*
	(se) laver	*(sich) waschen*
	prendre une douche	*duschen*
le	**repas**	*Mahlzeit; Essen*
la	**chanson**	*Lied*
	apprendre	*lernen*
le	**texte**	*Text*

25 GESUNDHEIT

	se sentir	*sich fühlen*
	sentir	*riechen*
	avoir mal	*weh tun, Schmerzen haben*
	ça me fait mal	*es tut mir weh*
	avoir mal au dos	*Rückenschmerzen haben*
	avoir de la fièvre	*Fieber haben*
	tousser	*husten*
	se casser le pied	*sich den Fuß brechen*
le	**rhume**	*Schnupfen*
	malade	*krank*
	Bon rétablissement !	*Gute Besserung!*
le	**docteur**	*Arzt*
la	**pharmacie**	*Apotheke*
le	**médicament**	*Medikament*
le	**comprimé**	*Tablette*
	prendre un médicament	*ein Medikament einnehmen*
	dehors	*draußen*
	avoir froid	*kalt sein*
	prendre froid	*sich verkühlen*

Bildnachweis

Fotolia, New York: 10.1 (Vjom); **11.1** (Brad Pict); **11.2** (Jérôme Rommé); **12.1** (pict-works); **13.1, 107.3** (philippe Devanne); **13.2, 81.1** (Web Buttons Inc); **13.3** (Lozz); **14.1** (Picture-Factory); **14.2** (gstockstudio); **14.3** (snowwhiteimages); **19.2** (michaeljung); **21** (pio3); **22.1** (artinspiring); **22.2** (lado2016); **22.3** (vege); **22.4** (xalanx); **23.1, 28** (Claude Calcagno); **23.2** (LiliGraphie); **27.1** (Studio Porto Sabbia); **27.2** (lassedesignen); **27.3** (Pakhnyushchyy); **27.4** (Tyler Olson); **35.1** (pressmaster); **35.2** (Minerva Studio); **35.4** (davis); **36.1** (M.studio); **36.2** (contrast-werkstatt); **36.3** (aboikis); **36.4** (Richard Villalon); **36.5** (mitchphot); **41.1** (koss13); **41.2** (HLPhoto); **41.3** (PhotoSG); **41.4** (Sea Wave); **45.2, 46.2** (Jens Hilberger); **46.1** (sommai); **46.3** (Ingram Publishing); **50.1, 106** (pict rider); **50.2** (twins_nika); **50.3** (Graphithèque); **50.4** (Thierry RYO); **51.2, 116.2** (Frédéric Prochasson); **51.3** (anyaber-kut); **51.4** (BulleandFlox); **55** (Alexi Tauzin); **59.1** (Pix); **61.1, 61.2, 61.3** (reeel); **67.1** (LoloStock); **67.4** (John A. Rizzo); **68.1** (ALF photo); **68.2** (Margarita); **69.2** (Jenny Sturm); **69.3** (Marcel Schauer); **70** (Wilhel-mina Wr); **73.1** (Adiano); **73.2** (tournee); **76.2** (Petair); **76.3** (den sorokin); **81.2** (MS Sound); **81.3** (euthymia); **81.4** (vloenerjung); **82.1** (MR); **82.2** (abstract); **82.3** (sissou-pitch); **83.1** (serhiibobyk); **83.2** (Melinda Nagy); **83.3** (aerogondo); **85.1** (Adam Wasilewski); **85.2** (olesiabilkei); **85.3** (Orlando Bellini); **87.1** (MIGUEL GARCIA SAAVED); **87.4** (Spectral-Design); **89.4** (papa); **92.1** (Ricochet64); **92.2** (Monkey Business); **93.2** (K.-U. Häßler); **94** (Jean-Michel POUGET); **96.1, 96.2, 96.3, 96.3, 96.4, 96.5, 96.6, 96.8** (Anna); **100.3** (gemenacom); **102** (Hugues ARGENCE); **104.2** (DAJ); **104.8** (poligonchik); **104.9** (Mihalis A.); **107.1** (illustrez-vous); **107.2** (Richard); **107.4** (Lefteris Papaulakis); **116.1** (rémy vallée); **116.3** (OutdoorPhotos); **120** (inarik); **121.1** (pixel974); **121.2** (eyeQ); **121.3** (staffprod96); **121.4** (Benjamin Nolte); **Getty Images, München: U1** (legna69); (mpessa-ris); (Fabrice Cabaud); (andresr); **iStockphoto, Calgary, Alberta: 59.4** (Chris Bence); **76.1** (andreas balcazar); **85.4** (Christian Wheatley); **87.3** (Daniel St.Pierre); **89.1** (Nikada); **89.2** (Renphoto); **89.3** (Eric-Vega); **104.1, 104.6** (IrvStock); **104.3** (Jeff Irving); **104.4** (rzdeb); **104.5** (Simon Moran); **108.1** (Claudia Dewald); **108.2** (Ljupco); **108.3** (Oleksandr Gumerov); **108.4** (Sergey Kashkin); **109** (Cristal Goodman); **113.3** (Clayton Hansen); **125** (Cindy Minear); **PONS GmbH, Stuttgart: 43.3, 65.1, 65.2, 65.3, 65.4** (PONS GmbH); **53, 63** (Thierry Duchesne); **Shutterstock, New York: 10.2** (Seohwa Kim); **12.3** (G-Stock Studio); **19.1, 37.3** (Iakov Filimonov); **19.3** (Monkey Busi-ness Images); **25** (michaeljung); **37.1** (Oliver Hoffmann); **39** (AN NGUYEN); **45.1** (Belus-hi); **52** (Michael Stokes); **73.3** (Suksam-ran1985); **73.4** (August_0802); **73.5** (Pixel-joy); **73.6** (Byjeng); **73.7** (Andrey tiyk); **73.8** (red mango); **73.9** (Vinicius Tupinamba); **79** (takayuki); **84** (HUANG Zheng); **91** (Ana del Castillo); **93.1** (Friedberg); **100.1** (sagir); **100.2** (kedrov); **111.1** (AshTproductions); **111.2** (Click and Photo); **116.4** (Boris-B); **Thinkstock, München: 12.2** (Ridofranz); **35.3** (rilueda); **37.2** (LuckyBusiness); **43.1** (hap-py_lark); **43.2** (Azure-Dragon); **43.4** (Tatia-na Volgutova); **56** (icenando); **59.2** (Calinat); **59.3** (Hemera Technologies); **67.2** (Vstock LLC); **67.3** (Ingram Publishing); **69.1** (Matt-Schia_); **82.4** (monkeybusinessimages); **104.7** (russwitherington1)